スタートアップ！

中小企業診断士

超速
1問1答

スタディング 編

STARTUP

中央経済社

改訂・改題にあたって

「テキストを読んでも，なかなか覚えられない。」

そんな悩みを持っている方は多いのではないでしょうか？

実は，私達の脳は，一度覚えたことでもすぐに忘れるようになっています。忘却曲線というのをご存知の方もいらっしゃるかもしれません。心理学者が行った実験では，復習をしないと1時間後には56%を忘れ，1日後には74%を忘れてしまったそうです。その後も，時間がたつにつれ，どんどん忘れていきます。このように，「1回で覚える」ことは，脳の仕組み上無理です。覚えるためには「何度も繰り返す」ことが重要です。忘れないうちに復習をすることで，記憶が定着します。

さらに，試験対策では，「どのように問われるか」を意識して覚えないと試験で使える知識にはなりません。そのため，**問題練習を繰り返すのが合格への近道**となります。

ただ，いきなり過去問にチャレンジすると，手も足も出ず，挫折しかねません。しかも，1次試験は7科目もあるので量も膨大で途方に暮れます。

そこで，本書は過去問への「**ブリッジ**」「**クッション**」として作成しました。本書の位置づけは以下のようなイメージとなります。

つまり，本書で出題される問題は，中小企業診断士を目指す上でコアとなるものです。100%正解できるようになるまで繰り返すことをおすすめします。

本書が，皆様が中小企業診断士試験に最短合格するお役に立てば幸いです。

2020年　秋

スタディング

本書の特長

1．最初の問題集として基礎固めに最適

　本書は，テキストや講座などで学んだ基礎知識を，すばやくチェックできるように作成されています。

　本書で出題される問題は，中小企業診断士を目指す上で基礎となる，最重要問題ですので，100％正解できるようになるまで繰り返し解きましょう。

　本書のレベルは，基礎知識を中心に扱っています。テキスト『スタートアップ！中小企業診断士超速習テキスト』のレベルとほぼ一致していますので，スタートアップテキストで学習した後，すぐに本書の問題を解き，基礎知識を確実に習得しましょう。

2．挫折しないためには基礎的な問題から

　最初から，難しい問題に挑戦してもほとんど解けず，解説を読んでも基礎知識がないと理解できず身につきません。結果的に，挫折してしまいがちです。

　本書の問題は，基礎知識があれば正解できる問題です。初めて学習する方，その科目の用語を初めて学習する方は，まず，このレベルの知識を身につけることが重要です。

　すこし頑張れば，本書の問題はすべて正解できるようになります。まずは本書で基礎固めをして，次のステップに進みましょう。

3．本書をマスターした後のプラン

　本書の問題がすべて解けるようになったら，次に，より発展的な内容を学習しましょう。1次試験合格までのモデルプランは以下のとおりです。

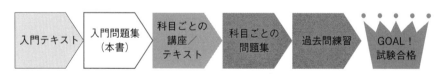

　本書の後に，科目ごとにより具体的な内容を学習します。科目別のテキストや，通信・通学講座などを利用するとよいでしょう。ここでも，科目ごとの問題集を活用しながら学習することが重要です。さらに，本試験の前3カ月ぐらいは，過去問練習を中心に学習します。過去問が解けるようになれば，合格レベルに到達できます。

　本書の問題を解くことで，得意な科目，不得意な科目が明確になってくるかと思います。普段のビジネスで専門的に扱っているような科目と，初めて勉強する科目とを同等の力を入れて勉強する必要はありません。メリハリをつけて**勉強する必要**があります。1回目で100％近い正答率の科目があれば，それはすぐに科目ごとの勉強，過去問に入ることが可能です。診断士試験は40％以下の正答率の科目があると，いくら得意科目で高得点が出せても合格できませんので，得意な科目は弱点を克服するまでは手をつけずに置いておいてもよいでしょう。

　まずは，**苦手科目，苦手分野**をなくすように本書の問題を繰り返し，各科目の実力差を埋めてしまいましょう。本書は，本格的な科目対策，過去問学習に入る前に基礎力を準備する問題という位置づけで捉えていただければと思います。

本書の使い方

　本書では，見開きページで1テーマになっており，問題と解答・解説が左右ページで対になっています。

　スタートアップテキスト等で学習したら，すぐに対応する本書のテーマのページを開き，問題を解いてみましょう。多少勉強したことがある方は，いきなり解くことも可能なレベル感になっています。

> 日付を記入しておくと，
> 学習の進捗がわかります。

> 正解した時は○，不正解の時は×，理解が不十分な時は△など，ルールを決めて記入しましょう。
> ×や△の問題は繰り返し解き，すべて○になるまで繰り返しましょう。

2

| 科目1　企業経営理論 | 分野1　経営戦略論 |

1 企業活動の全体像

1回
2回
3回

001 経営理念は，企業の存在意義や目的を表すものであり，社員が日常業務において意思決定をするときの判断基準とならない。

002 経営戦略を作成する目的は，企業が外部環境に適応しながらビジョンを達成することである。

003 企業戦略は，競争戦略とも呼ばれ，事業単位で競争優位を築くために策定する。

004 事業戦略は，個別の事業ごとの戦略であり，一般に，企業は企業ごとに競争しているというよりは，むしろ事業ごとに競争している。

005 機能戦略とは，企業内の機能ごとの戦略をいい，例として生産戦略，R&D戦略，マーケティング戦略，人事戦略，財務戦略などが挙げられる。

006 経営計画について，いつ，だれが，何を行うのかというような詳細なことまで明確にしておいても計画通りにならないことが多いので，大まかな計画設定にとどめる方がよい。

007 設定する期間の長さによって経営計画を分類した場合，中期経営計画とは，通常，1年の経営計画のことをいう。

008 ローリングプランとは，経営計画を設定する際に不測事態に備えて計画したもののことをいう。

関連項目 『スタートアップ！中小企業診断士超速習テキスト』P6-7

その後，右ページにある解答・解説を読みます。正解したとしても，解説を読んで正しく理解できているかを確認することが重要です。

間違った問題や，理解ができていなかった問題は，チェック欄に印をつけ，後で再度解きます。これを繰り返すことで，すべての問題を正解できるようにしましょう。

> 本書は刊行時の法令をもとに作成しています。また，科目7の中小企業経営・政策については年度ごとに大きくテーマが変わるため，基礎的な事項に限定して取り上げています。最新情報は中小企業庁中小企業白書のページで確認することをおすすめします（http://www.chusho.meti.go.jp/pamflet/hakusyo/）。

解答・解説

科目1 企業経営理論 / 分野1 経営戦略論

001 × 経営理念は，**企業の存在意義や目的**を表すものですが，経営理念は社員が日常業務において意思決定するときの判断基準となります。

002 ○ 経営戦略を作成する目的は，企業が**外部環境に適応**しながらビジョンを達成することです。企業は常に変化する外部環境に適応していく必要があるため，適切な経営戦略を策定することがポイントとなります。

003 × 説明は**事業戦略**を表しています。企業戦略とは，複数の事業を含めた**企業全体を対象**とした戦略のことです。そのため，新規事業開拓，撤退，企業買収や合併，提携なども含みます。

004 ○ 事業戦略とは，**個別の事業ごとの戦略**のことです。これは，ある事業を対象として，競合他社とどのように戦っていくのか，どのように競争優位を築いていくのかということを考えていくものです。

005 ○ 機能戦略とは，**個別の機能ごとの戦略**のことです。機能とは，企業経営を行う上での主な活動ということです。具体的には，購買，生産，販売，人事，R&D，マーケティング，人事，財務などが機能戦略です。

006 × 経営計画では，いつ，だれが，何を行うのかということを明確化することが重要です。これを明確にすることにより，戦略を日々の業務に落とし込むことができます。長期経営計画ではあまりにも詳細な内容までを盛り込む必要はありませんが，短期経営計画においては詳細な内容が必要となります。

007 × 通常，1年の経営計画のことを指すのは，**短期経営計画**です。中期経営計画は，通常，3年程度の期間の経営計画のことです。

008 × ローリングプランとは，あらかじめ毎年計画を見直すと決めておいて運用する方式です。不測事態に備えて計画したものは，コンティンジェンシープランと呼びます。

💡**ポイント**
ローリングプラン➡計画を毎年見直す方式
コンティンジェンシープラン➡不測事態に備えた計画

> 解説を読んで，理解できているかチェックします。間違った問題は，次に正解できるようにしっかり覚えましょう。

> 重要な内容を「ポイント」としてまとめています。ここは確実に覚えましょう。

Contents

科目1 企業経営理論 ❶

分野1 経営戦略論

分野2 組織論

分野3 マーケティング論

科目2 財務・会計 ❹

科目5 経済学・経済政策 ❿

x

科目6 経営法務

科目7 中小企業経営・政策

分野2 中小企業政策

【読者特典のお知らせ】

スマートフォンやパソコンで問題演習ができる！

本書をご購入頂きました読者様に，特典をご案内します。

「スタディング 中小企業診断士講座」が提供する，スマート問題集の入門編を無料でプレゼントいたします。

スマート問題集は，1次試験対策用のオンライン問題集です。問題を解いた後に，わかりやすい解説を読むことで，効率よく試験に合格するための基礎知識を吸収できるように作られています。

スマートフォンやパソコン，タブレットでご覧いただけますので，通勤時間やスキマ時間にぴったりです！

読者特典のご利用方法：

1．以下のホームページにアクセスします。

　　https://studying.jp/book.html

2．「読者特典のお申込みはこちら」をクリックし，次の画面で以下のパスワードを入力します。

　　パスワード：shindanshi

3．次の画面で，「メールアドレス」を入力します。入力されたメールアドレスに，特典講座へのリンクが含まれたメールが届きます。リンクからすぐに読者特典をご覧いただけます。

科目1

企業経営理論

1 企業活動の全体像

001　経営理念は，企業の存在意義や目的を表すものであり，社員が日常業
□□□　務において意思決定をするときの判断基準とならない。

002　経営戦略を作成する目的は，企業が外部環境に適応しながらビジョン
□□□　を達成することである。

003　企業戦略は，競争戦略とも呼ばれ，事業単位で競争優位を築くために
□□□　策定する。

004　事業戦略は，個別の事業ごとの戦略であり，一般に，企業は企業ごと
□□□　に競争しているというよりは，むしろ事業ごとに競争している。

005　機能戦略とは，企業内の機能ごとの戦略をいい，例として生産戦略，
□□□　R&D戦略，マーケティング戦略，人事戦略，財務戦略などが挙げら
　　　れる。

006　経営計画について，いつ，だれが，何を行うのかというような詳細な
□□□　ことまで明確にしておいても計画通りにならないことが多いので，大
　　　まかな計画設定にとどめる方がよい。

007　設定する期間の長さによって経営計画を分類した場合，中期経営計画
□□□　とは，通常，1年の経営計画のことをいう。

008　ローリングプランとは，経営計画を設定する際に不測事態に備えて計
□□□　画したもののことをいう。

関連項目　『スタートアップ！中小企業診断士超速習テキスト』　P6-7

解答・解説

001	×	経営理念は，**企業の存在意義や目的**を表すものですが，経営理念は社員が日常業務において意思決定するときの判断基準となります。
002	○	経営戦略を作成する目的は，企業が**外部環境に適応**しながら**ビジョンを達成**することです。企業は常に変化する外部環境に適応していく必要があるため，適切な経営戦略を策定することがポイントとなります。
003	×	説明は事業戦略を表しています。企業戦略とは，複数の事業を含めた**企業全体を対象**とした戦略のことです。そのため，新規事業開拓，撤退，企業買収や合併，提携なども含みます。
004	○	事業戦略とは，**個別の事業**ごとの戦略のことです。これは，ある事業を対象として，競合他社とどのように戦っていくのか，どのように競争優位を築いていくのかということを考えていくものです。
005	○	機能戦略とは，**個別の機能**ごとの戦略のことです。**機能**とは，企業経営を行う上での主な活動ということです。具体的には，購買，生産，販売，人事，R&D，マーケティング，人事，財務などが機能戦略です。
006	×	経営計画では，いつ，だれが，何を行うのかということを**明確化**することが重要です。これを明確にすることにより，戦略を日々の業務に落とし込むことができます。長期経営計画ではあまりにも詳細な内容までを盛り込む必要はありませんが，短期経営計画においては詳細な内容が必要となります。
007	×	通常，1年の経営計画のことを指すのは，**短期経営計画**です。中期経営計画は，通常，3年程度の期間の経営計画のことです。
008	×	ローリングプランとは，あらかじめ毎年計画を見直すと決めておいて運用する方式です。不測事態に備えて計画したものは，コンティンジェンシープランと呼びます。

ポイント

ローリングプラン➡計画を毎年見直す方式
コンティンジェンシープラン➡不測事態に備えた計画

② 経営戦略と競争優位

1回
2回
3回

009 SWOT分析とは，自社の強みと弱み，および，外部環境の機会と脅威を分析する手法である。

010 SWOT分析では，企業の外部環境において，新しい顧客ニーズが出てきたというのは強みとなるが，競合が増えてきたというのは弱みとなる。

011 ポジショニングベース型の戦略論を提唱している代表的な学者であるポーターは，競争優位を獲得する方法について，自社の経営資源を重視した。

012 リソースベース型の戦略論を提唱している代表的な学者であるバーニーは，競争優位を獲得する方法について，内部環境を重視した。

013 バーニーによると，持続的な競争優位を築くために最も重要なのは，その経営資源が経済的価値を生み出すかという点である。

014 希少な経営資源を保有していたとしても，それだけでは競争優位につながりにくい。

015 仕事上のノウハウや熟練などは，情報的資源と呼ばれ，他の経営資源よりも希少性が高く模倣がされにくい。

関連項目 『スタートアップ！中小企業診断士超速習テキスト』 P8-11

解答・解説

009 ○ SWOT分析とは，自社の**内部環境**を強み（Strength）と弱み（Weakness）という視点で分析し，**外部環境**を機会（Opportunity）と脅威（Threat）という視点で分析する手法です。

010 × SWOT分析では，外部環境は**機会**と**脅威**という視点で分析します。よって，新しい顧客ニーズが出てきたというのは**機会**であり，競合が増えてきたというのは**脅威**となります。

011 × ポーターを始めとする**ポジショニングベース型**の戦略論では，**外部要因**を重視するアプローチをとります。そこで，まず外部環境を緻密に分析することが重要となります。その分析結果を踏まえて，自社を有利な位置に置いたり，なるべく熾烈な競争を避けたりしていくことが競争優位を獲得することにつながります。

012 ○ バーニーを始めとする**リソースベース型**の戦略論では，**内部環境**を重視しています。個々の企業の内部に存在する**自社の経営資源こそが競争優位の源泉**であり，それらにより中長期的に競争優位を維持できるとしました。

> **ポイント**
>
> ポジショニングベース型戦略論➡外部環境を重視，ポーターが有名
> リソースベース型戦略論➡内部環境を重視，バーニーが有名

013 × バーニーは，**VRIO分析**というフレームワークで，**持続的な競争優位を築くための経営資源の要件**を提示しました。VRIOとは，Value（経済的価値），Rarity（希少性），Inimitability（模倣困難性），Organization（組織能力）を表しており，その中でも**模倣困難性**（競合が簡単に真似できないこと）が最も重要とされています。

014 ○ 希少な経営資源であっても，顧客に経済的価値を提供することに役立たなければ競争優位性にはつながりません。VRIO分析のValue（**経済的価値**）という視点が抜けています。

015 ○ 業務のノウハウや熟練などは，**情報的資源**（もしくは**無形資産**）と呼ばれます。情報的資源は，他の経営資源である，人的資源（ヒト），物的資源（モノ），資金（カネ）に比較して，入手しにくいため，模倣されにくいという特長があります。

3 企業戦略①

016 ドメインは，事業を行う領域を表し，具体的には，何を提供するのか
□□□ を定義することである。

017 複数の事業を展開している企業においては，企業全体の統一性を図る
□□□ ために，事業ドメインではなく，企業ドメインを定義する必要がある。

018 ドメインを定義する方法には，物理的な定義と機能的な定義があるが，
□□□ 物理的な定義では，事業領域が狭くなり近視眼的な状況に陥りやすい。

019 アンゾフは，企業が新規の市場に対して現有の製品を投入することで
□□□ 売上高や市場占有率の拡大を図っていく戦略を，市場浸透戦略とした。

020 アンゾフは，企業が現行の市場に対して現有の製品を継続しながら売
□□□ 上高や市場占有率の拡大を図っていく戦略を，市場開拓戦略とした。

021 アンゾフは，企業が新規市場に対して新製品を投入することで市場を
□□□ 開拓していく戦略を，多角化戦略とした。

関連項目 『スタートアップ！中小企業診断士超速習テキスト』 P12-15

解答・解説

016 × ドメインは事業を行う領域を表しますが，具体的には，**誰に**，**何を**，**どのように提供するのか**を定義するのがドメインです。「何を」という商品の分野を決めるだけでなく，「誰に」という顧客の視点を持つことが重要です。

017 × 複数の事業を展開している（多角化している）企業においても，**事業ドメインは必要**です。複数の事業を展開している企業では，**企業ドメイン**は，**複数の事業ドメインを包括**することになります。この場合，企業ドメインは，企業の戦う範囲（事業）を限定することに役立ちます。

018 ○ ドメインの定義方法には，ドメインをモノとして定義する**物理的**な定義と，コトとして定義する**機能的**な定義がありますが，物理的な定義で事業を捉えると，自社の事業にこだわるあまり近視眼的になり，外部環境の変化に対応できなくなることがあります。
例えば，かつての米国の鉄道会社は，「鉄道」事業として物理的なドメインに固執したため，自動車，航空機などの産業に押されて衰退してしまいました。

019 × 設問文の戦略は，**市場開拓戦略**です。現在の製品を，他の地域・国で販売するなど，地理的拡大は市場開拓戦略の具体例です。

020 × 設問文の戦略は，**市場浸透戦略**です。店舗で注文を増やすためのセットメニューを提供したり，ファミリー層を取り込むために子供の遊び場などを提供したりするなど，**既存の顧客・製品を継続**していく戦略です。

021 ○ 記述のとおりです。アンゾフの多角化戦略の定義では，**製品**についても**市場**についても**いずれも新しいもの**であるという点がポイントです。

ポイント

アンゾフの成長ベクトルでは4つの戦略があります。

①**市場浸透戦略**：現有の製品で，現行の市場を深掘りしていく戦略
②**新製品開発戦略**：新しい製品を，現行の市場に投入していく戦略
③**新市場開拓戦略**：現有の製品を，新しい市場に投入していく戦略
④**多角化戦略**：新しい製品を，新しい市場に投入していく戦略

企業戦略②

1回 ⬚
2回 ⬚
3回 ⬚

022
□□□ ある製品の累計生産量が増えると，作業員が習熟したり業務の改善をしたりすることで，1製品当たりの生産コストが低下するという経験則のことを，規模の経済性という。

023
□□□ 企業が1つの事業を行うよりも，複数の事業を行うほうがコスト面で有利になることを範囲の経済性という。

024
□□□ ある商品やサービスの消費者にとって，自分以外の消費者の数が増えるほど，自分の満足度がより一層高まる効果のことをネットワーク効果という。

025
□□□ プロダクト・ポートフォリオ・マネジメント（PPM）では，「花形」から得られた資金を，「金のなる木」や「負け犬」に投入することが有効な投資策となる。

026
□□□ プロダクト・ポートフォリオ・マネジメント（PPM）では，「問題児」とは，市場成長率が低く，相対的市場シェアが高い事業を表す。

027
□□□ プロダクト・ポートフォリオ・マネジメント（PPM）では，財務面だけでなく，事業間のシナジーや新規事業開発についても重視している。

関連項目　『スタートアップ！中小企業診断士超速習テキスト』　P12-15

解答・解説

022 × 設問文の内容は，**経験曲線効果**です。**規模の経済性**も，同様にコスト面の効果を表しますが，その理由は生産の**規模**が拡大したことです。一方，経験曲線効果のコスト低減の理由は，**習熟**や**改善**によるものです。

023 ○ 記述のとおりです。**範囲の経済性**の例として，Amazonの事業展開が挙げられます。同社は，最初は書籍販売事業を主に行っていましたが，日用品，家電製品などの販売事業にも進出しています。同社が保有していた書籍の流通網に他の商品を利用してもコストは大きく増えない一方，売上を大きく増やすことができるためです。

024 ○ 記述のとおりです。**ネットワーク効果（ネットワーク外部性）**は，複数の人や企業がネットワークとして結びつくことにより，経済的な効果が発生することです。例えば，電話やメールといったサービスは，ユーザが1人では価値はありませんが，参加者が増えるほど価値が高まります。

025 × PPMは，縦軸に市場成長率，横軸に相対的市場シェアを取った4つのセルに，自社の事業を配置することで，事業への投資を管理する手法です。一般的には，成熟市場の「金のなる木」から得られた資金を，成長中の「花形」や将来有望な「問題児」に投資することが有効とされています。

026 × PPMにおける「問題児」とは，**市場成長率が高く，相対的市場シェアが低い事業**を表します。設問文の内容は「金のなる木」です。

> **ポイント**
>
> プロダクト・ポートフォリオ・マネジメント（PPM）には4つのセルがあります。
>
> ①花　　形：市場成長率が高く，相対的市場シェアが高い
> ②金のなる木：市場成長率が低く，相対的市場シェアが高い
> ③問　題　児：市場成長率が高く，相対的市場シェアが低い
> ④負　け　犬：市場成長率が低く，相対的市場シェアが低い

027 × PPMは，主に事業の財務面を扱っており，事業間のシナジーについては考慮されていません。また，現在のデータの分析にすぎないため，将来の事業戦略を策定することにも向いていません。

10

科目1　企業経営理論　　分野1　経営戦略論

5 事業戦略①

1回 ／
2回 ／
3回 ／

028 ポーターの提唱した5つの競争要因とは，既存業者の敵対関係，買い
□□□ 手の交渉力，売り手の交渉力，新規参入の脅威，補完品の脅威である。

029 製品を生産するために必要な部品や材料を供給する企業が1社しかな
□□□ い場合は，売り手の交渉力が高まり，業界の収益性は高くなる。

030 独自で高度な技術が必要な場合は，参入障壁が高くなるため，その業
□□□ 界に新規参入してくる可能性は低くなる。

031 戦略グループとは，親会社の企業理念のもとに同じ戦略をとる企業グ
□□□ ループのことをいう。

032 ポーターは，コストリーダーシップ戦略，差別化戦略，フォロワー戦
□□□ 略の3つの基本戦略を示した。

033 競合企業よりも同種製品を低いコストで生産・販売できるようにし，
□□□ 価格という点で差別化しようとする戦略は，差別化戦略とはいわない。

034 業界全体をターゲットにして，強力なマーケティング力によりブラン
□□□ ドロイヤルティを確立することは，差別化戦略の1つである。

関連項目　『スタートアップ！中小企業診断士超速習テキスト』　P16-21

解答・解説

028 × 5つの競争要因とは，**既存業者の敵対関係，買い手の交渉力，売り手の交渉力，新規参入の脅威**，および，**代替品の脅威**です。補完品の脅威ではありません。代替品とは，ユーザのニーズを満たす既存製品とは別の製品のことです。

029 × この場合，企業はその1社しかない独占企業から製品を生産するために必要な部品や材料を買うしかないわけですから，**売り手の交渉力**が高まります。すると，高い価格で買わざるを得なくなりますので，業界の収益性は低くなります。

030 ○ 独自で高度な技術が必要な場合は，簡単に新規参入できなくなり，参入障壁が高まります。そのため，その業界に新規参入してくる可能性は低くなります。

031 × 戦略グループとは，同じ業界に存在する企業の中で，同じような戦略を採用している企業のグループのことをいいます。親会社の企業理念のもとに同じ戦略をとる企業グループのことではありません。

032 × ポーターは，競争優位の源泉として，低コストと差別化を挙げ，戦略対象の幅を勘案し，**コストリーダーシップ戦略，差別化戦略，集中戦略**の3つの基本戦略を示しました。集中戦略であって，フォロワー戦略ではありません。

> **ポイント**
>
> **ポーターによる3つの基本戦略**
>
> ①**コストリーダーシップ戦略**：業界全体をターゲットにして，低コストにより競争優位を築く戦略
> ②**差別化戦略**：業界全体をターゲットにして，差別化により競争優位を築く戦略
> ③**集中戦略**：特定のセグメントに競争範囲を狭めることによって，自社の経営資源を集中的に活用する戦略。コスト集中戦略と差別化集中戦略に分類される

033 ○ 適切な記述です。競合企業よりも同種製品を低いコストで生産・販売できるようにし，**価格**という点で差別化しようとする戦略は，差別化戦略ではなく，**コストリーダーシップ戦略**です。

034 ○ 差別化戦略は，自社の製品は競合企業の製品と異なるものであることをアピールすることにより，競争優位を獲得しようとする戦略のことです。ブランドロイヤルティを確立することは，価格以外の点で自社の製品は競合企業の製品と異なるものであることをアピールすることになるため差別化戦略と言えます。

6 事業戦略②

1回 ☐
2回 ☐
3回 ☐

035 コトラーによると，リーダーは，市場の規模を拡大させるために，常
☐☐☐ にコストリーダーシップ戦略をとるべきとされる。

036 コトラーによると，チャレンジャーは，リーダーのマーケットシェア
☐☐☐ を奪うために，リーダーが追随できない差別化戦略をとるべきとされ
る。

037 コトラーによると，ニッチャーは，特定市場でのミニリーダーになる
☐☐☐ ために，まずはすべての市場に対してコストリーダーシップ戦略をと
るべきとされる。

038 先発の企業は，後発の企業が参入してくるまで，先行者利益を独占す
☐☐☐ ることができる。

039 先発の企業は，最初に市場に参入することにより，多くのノウハウを
☐☐☐ 蓄積することができ，経験曲線効果によりコスト優位を築くことがで
きる。

関連項目 『スタートアップ！中小企業診断士超速習テキスト』 P16-21

解答・解説

035　×　リーダーの戦略のポイントは，**市場を拡大する**ことと，**同質化を図る**ことです。リーダーはナンバー1のマーケットシェアを持つ企業ですので，市場が大きくなれば最も恩恵を受けることができます。リーダーは経営資源も豊富ですので，市場を拡大していくために，コストリーダーシップ戦略以外にも，例えば，**フルライン戦略**をとることがよくあります。また，他の企業が新しい製品を出したり，さまざまな差別化を仕掛けてきたりした場合には，それに追随して**同質化**をする戦略をとります。リーダーは最も経営資源が多いため，自分よりもマーケットシェアが小さい相手が行うことを真似していれば，自然に勝てるからです。

036　○　コトラーによると，チャレンジャーは，リーダーのマーケットシェアを奪うために，リーダーが追随できない**差別化戦略**をとるべきとされます。

037　×　コトラーによると，ニッチャーは，特定市場でのミニリーダーになるために，**ニッチ**（隙間）市場，すなわち，競争相手がいないか，ごく少数の小さな市場でミニリーダーになるために，特定市場に経営資源を集中させる**集中戦略**を採用します。ニッチャーは経営資源に乏しいわけですから，すべての市場に対してコストリーダーシップ戦略をとることは難しいです。

ポイント

コトラーによる競争地位別の戦略では，次の4つに分類されます。

①**リーダー**：業界トップの企業➡市場の拡大，同質化を図る戦略をとる
②**チャレンジャー**：リーダーに次ぐ企業➡差別化を図る戦略をとる
③**ニッチャー**：独自の地位を築く企業➡限定された市場の中でミニリーダーになる集中戦略をとる
④**フォロワー**：リーダー企業などを模倣して追随する企業➡模倣だけでは収益性が低くなるため，リーダー企業と協調するなどの戦略が必要

038　○　先発の企業は，後発の企業が参入してくるまで，先行者利益を独占することができます。新しいもの好きで，価格にあまり敏感でない，**イノベーター**を最初に取り込むことができるため，投下資本利益率の高い市場を獲得することができます。

039　○　先発の企業は，最初に市場に参入することにより，累積生産量を増やすことができるので，多くのノウハウを蓄積することが可能です。よって，**経験曲線効果**によりコスト優位を築くことができます。

14

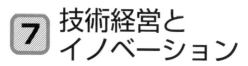

イノベーション・ライフサイクルは，一般に，S字型の軌跡を描き，□□□ 次のイノベーション・ライフサイクルに移行するときには，連続的ではなく，不連続に移行する。

041 製品自体の革新のことをプロダクト・イノベーション，生産工程の革□□□ 新のことをプロセス・イノベーションと呼ぶ。

042 破壊的イノベーションとは，既存の技術をすべて否定し，まったく新□□□ しい技術で高機能な製品を供給する革新のことである。

043 モジュール型の製品アーキテクチャには，製品に無駄がない，イン□□□ ターフェースの進化に時間がかからないというメリットがある。

044 インテグラル型の製品アーキテクチャには，全体として最適化されて□□□ おり，まとまりが良いというメリットがある。

045 企業が自社の製品をデファクトスタンダードにするためには，その規□□□ 格を非公開にして，他社から模倣も利用もされないようにしなければならない。

046 ネットワーク外部性が働く業界の場合，デファクトスタンダードが確□□□ 立しやすくなる。

関連項目 『スタートアップ！中小企業診断士超速習テキスト』 P22-23

解答・解説

040 ○ イノベーション・ライフサイクルは，右図のように，**S字型の軌跡を描く**という点と，後発の技術に移行するときには，連続的ではなく，**不連続に移行する**という点が，特徴です。

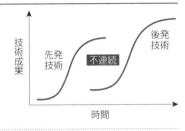

技術成果 / 先発技術 / 不連続 / 後発技術 / 時間

041 ○ プロダクト・イノベーションとは，**製品に関する革新**のことをいいます。この革新は，製品が発明されてからその製品の標準的かつ優勢な仕様（ドミナント・デザイン）が決まるまでに主にみられます。製品ライフサイクル上では**導入期と成長期の前期**のものです。

一方，プロセス・イノベーションとは，**工程に関する革新**のことをいいます。この革新は，ドミナント・デザイン決定後に主にみられます。製品ライフサイクル上では**成長期の後期と成熟期の前期**のものです。

042 × 破壊的イノベーションとは，まったく新しい価値を提供するようなイノベーションですが，必ずしも高機能でなければならないというわけではありません。なお，既存の製品を継続的に改良するものを持続的イノベーションと呼びます。

043 × モジュール型の製品アーキテクチャには，製品に無駄が多い，インタフェースの進化に時間がかかるというデメリットがあります。一方，**多様な組み合わせの製品を作るのが簡単である**，**調整コストがあまりかからない**といったメリットがあります。

044 ○ インテグラル型の製品アーキテクチャには，全体の最適化がなされており，まとまりが良い，競合企業が**模倣困難**であるというメリットがあります。よって，記述は適切です。一方，**進化に時間がかかる**，**調整コストがかかる**というデメリットがあります。

045 × 企業が自社の製品をデファクトスタンダードにするためには，その規格を公開して，他社からの模倣・利用を促進することが必要です。その規格を非公開にして，他社から模倣も利用もされないようにすると，ユーザが増えず，事実上の業界標準にはなりません。

046 ○ ネットワーク外部性が働く業界の場合，利用者が増えれば増えるほど，利用者の得られる効用が高まるため，事実上の業界標準であるデファクトスタンダードが確立しやすくなります。ネットワーク外部性とは，**その製品やサービスの利用者が増えれば増えるほど，利用者の得られる満足度（効用）が高まる**ことをいいます。

組織の構造

```
1回 ／
2回 ／
3回 ／
```

047 組織の均衡条件は，組織のメンバーにとって誘因が貢献以上になって
□□□ いる状態である。

048 組織の設計原則には，①専門化の原則，②権限・責任一致の原則，③
□□□ 統制範囲の原則，④分業の原則，⑤例外の原則の5つがある。

049 機能別組織は，分権的な管理組織であり，トップから大幅な権限が下
□□□ 位の従業員に委譲される。

050 機能別組織には，機能ごとに専門性の高い人材が配置されるので，専
□□□ 門性が確保されるというメリットがある。

051 事業部制組織とは，独立採算のプロフィットセンターとして機能する
□□□ 事業部を持つ組織形態のことをいう。

052 事業部制組織には，同じ機能を持つものが各事業部にできるので，経
□□□ 営活動が効率的になるというメリットがある。

053 カンパニー制は，組織を機能別に部門化して，それぞれの機能部門に
□□□ 包括的な裁量権を移譲した分権的な組織形態である。

関連項目　『スタートアップ！中小企業診断士超速習テキスト』　P26-29

解答・解説

047 ○ 個人が貢献意欲を持って組織に参加し続けるためには，組織が個人に与える**誘因**と個人が組織に与える貢献が**等しいか**，あるいは誘因が**大きい**必要があります。

048 × ④は「分業の原則」ではなく，**命令一元化**の原則です。

> **ポイント**
>
> **組織の設計原則**
>
> ①**専門化の原則**：仕事を分業化することにより専門性を高め，仕事の効率を向上させる
>
> ②**権限・責任一致の原則**：組織の各メンバーの権限と責任は等しくなければならない
>
> ③**統制範囲の原則**：1人の管理者の下には，適正な人数のメンバーを配置する必要がある
>
> ④**命令一元化の原則**：メンバーは1人の直属の上司から命令を受け，それ以外の人からは命令を受けない
>
> ⑤**例外の原則（権限委譲の法則）**：管理者は定型業務の意思決定を下位に権限委譲し，例外的な意思決定に専念する

049 × 機能別組織は，**集権的管理組織**です。ピラミッド型の階層構造なので，分権的管理組織ではありません。

050 ○ 機能別組織には，**専門性が確保される**というメリットがあります。よって，記述は適切です。さらに，集権的な管理組織であるため，**同質的環境下では能率的**であるというメリットもあります。

051 ○ 適切な記述です。**事業部制組織**とは，独立採算の**プロフィットセンター（事業利益単位）**として機能する事業部を持つ組織形態のことをいいます。複数の製品や事業ごとに部門化して，会社の中にあたかも小さな会社のような事業部を設置し，各事業部を独立採算のプロフィットセンターとして機能させるものです。

052 × 事業部制組織には，同じ機能を持つものが各事業部にできるので，多重投資となり，**経営活動が非効率的**になるというデメリットがあります。その他，事業部間での**セクショナリズム**が生じやすい，事業部ごとの利益追求が，会社全体の利益にならない可能性があるなどのデメリットがあります。

053 × **カンパニー制**とは，事業部を発展させたもので，事業部にあたる組織をさらに分権化するために，カンパニーという独立した企業に近い組織として，**社内分社化**したものをいいます。

組織と人材

1回 ☐
2回 ☐
3回 ☐

054
☐☐☐
マズローによると，人間の欲求は低次から高次への段階をなしており，低次の欲求が充足された後に初めて高次の欲求に関心が向けられるとされる。

055
☐☐☐
マズローによる欲求段階説では，高次の欲求のほうが低次の欲求よりも，動機づけ要因として強く作用するとしている。

056
☐☐☐
マグレガーによると，X理論ではなく，Y理論に基づき経営を行うことが重要であるとされる。

057
☐☐☐
ブルームによると，動機づけの強さは，報酬の期待される価値と，報酬を得られる確率を掛け合わせたものになるとされる。

058
☐☐☐
レヴィンのリーダーシップ類型論によると，集団の生産性，成員の満足度，集団の凝集力の点において，自由放任型リーダーシップが最も望ましいとされる。

059
☐☐☐
リッカートのシステムIVによると，管理システムを集団参加型に転換する必要があり，この集団参加型における組織の各集団のリーダーは連結ピンとして機能しているとされる。

060
☐☐☐
戦略的組織変革を実施して組織に定着していく段階では，トップマネジメントによる制度的なリーダーシップが重要である。

関連項目 『スタートアップ！中小企業診断士超速習テキスト』 P30-35

解答・解説

054 ○ マズローは，欲求には，**生理的欲求→安全欲求→社会的欲求→自我欲求→自己実現欲求**という流れとなる5つの段階（階層）があり，人間はまず下位の欲求によって動機づけられ，下位の欲求が充足されると，逐次より上位の欲求によって動機づけられると指摘しました。

055 × マズローによる**欲求段階説**は，低次元の欲求から順番に満たされていくというものです。欲求段階の間の強さを比較しているわけではありません。

056 ○ マグレガーは，人間は本質的に仕事嫌いで，強制，命令等がなければ働かないという**X理論**ではなく，人間は本質的に働くことをいとわず，**動機づけ**がなされれば，能動的に自己の目標達成に向けて働くという**Y理論**に基づき経営を行うことを主張しました。

	仕事に対する考え方	管理方法
X理論（古い人間観）	仕事が嫌い，強制されなければ働かない	命令と統制
Y理論（新しい人間観）	進んで働く，自ら責任を引き受け創意工夫する	目標による管理（MBO）

057 ○ ブルームの**期待理論**では，動機づけの内容や強さは人により異なり，報酬の期待される価値と，報酬を得られる確率を掛け合わせたものになると指摘しました。

058 × レヴィンによると，リーダーシップは①**専制型リーダーシップ**，②**民主型リーダーシップ**，③**自由放任型リーダーシップ**の3つに類型化されます。これらのうち，集団の生産性，成員の満足度，集団の凝集力の点において，**民主型リーダーシップ**が最も望ましいと主張しました。

059 ○ リッカートは，管理システムを，①独善的専制型，②温情的専制型，③相談型，④（集団）参加型の4つに類型化し，管理システムを転換する必要があることを主張しました。また，**参加型組織**の中では，上位や下位，横の集団と連携することが重要であり，各小集団の管理者が**連結ピン**の役目を果たすことが重要だと指摘しました。

060 ○ 戦略的組織変革を実施して組織に定着していく段階では，各種の抵抗が生じるため，トップマネジメントによる**制度的なリーダーシップ**が重要です。制度的リーダーシップとは，**組織に理念を注入**するようなリーダーシップです。トップマネジメントは新しい理念を表現し，それを組織の中に制度的に組み込みます。

科目1 企業経営理論　分野2 組織論

10 人的資源管理

1回 ／
2回 ／
3回 ／

061 職能資格制度とは，企業が複数のキャリアパスを用意し，従業員が自
□□□ 分の意思で選択する制度である。

062 キャリア・デベロップメント・プログラムは，従業員のキャリアプラ
□□□ ンの実現と企業のニーズに合った人材育成を目的にした長期的な人材
育成策である。

063 成果主義とは，仕事を遂行する能力をもとに，給与や昇格などの処遇
□□□ を決定するものである。

064 目標管理制度とは，上司と面談の上で個人の業績目標を設定し，自主
□□□ 的に目標を達成する管理方法である。

065 コンピテンシー評価とは，営業員であれば，売上高や新規顧客開拓件
□□□ 数などの仕事の成果で評価をするものである。

066 能力開発の方法には，仕事の場を離れて学習するOJTと，実際の仕事
□□□ を通じて能力を修得するOff-JTがある。

067 OJTには，きめ細かい指導ができないというデメリットがあるが，体
□□□ 系的な知識が取得しやすいというメリットがある。

068 Off-JTは，職務に対する知識や能力を十分にもっていない場合に，
□□□ OJTと組み合わせて用いると効果が高い。

関連項目 『スタートアップ！中小企業診断士超速習テキスト』　P36-37

解答・解説

061 ×　企業が複数のキャリアパスを用意し，従業員が自分の意思で選択する制度は，**複線型人事制度**です。**職能資格制度**は，さまざまな職能を困難度や責任度などにより区分した職能資格を設定し，それに基づいて処遇を決定する制度のことをいいます。

062 ○　キャリア・デベロップメント・プログラム（CDP：Career Development Program）とは，長期的な人材育成策のことをいいます。これは，**キャリア開発制度**とも呼ばれます。CDPは，従業員のキャリアプランの実現と企業のニーズに合った人材育成を目的にします。

063 ×　**成果主義**とは，仕事の成果の評価をもとに，給与や昇格などの処遇を決定するものをいいます。能力で評価するものは，**能力主義**です。

064 ○　**目標管理制度**（MBO：Management By Objectives）とは，上司と面談の上で個人の業績目標を設定し，自主的に目標を達成する管理方法のことをいいます。

065 ×　**コンピテンシー評価**は，高い業績を上げるための**行動特性**を明らかにし，その行動特性を基準にして人事評価を行うものをいいます。この行動特性のことを**コンピテンシー**と呼びます。仕事の成果で評価をするものは，成果主義評価です。

066 ×　記述内容が逆です。能力開発の方法には，実際の仕事を通じて能力を修得する**OJT**（On the Job Training）と，仕事の場を離れて学習する**Off-JT**（Off the Job Training）があります。

067 ×　OJT のメリットは，**短期間で実務能力が身につけられること**，**きめ細かい指導ができること**，**コストがあまりかからないこと**です。実際の仕事を通じて能力を修得するわけですから，きめ細かい指導ができないわけではありません。
OJT のデメリットは，**能力開発が短期志向になりがちなこと**，**指導者に教育の成果が左右されること**，**体系的な知識の習得が難しいこと**です。

068 ○　OJTのデメリットには，体系的な知識の習得が難しいということが挙げられます。Off-JTは，広い視野で体系的に知識を習得できるため，職務に対する知識や能力を十分にもっていないときに，**OJTと組み合わせて用いる**ことによって**補完**することができ，**効果を高める**ことができます。

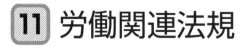

⑪ 労働関連法規

1回 ／
2回 ／
3回 ／

069 労働契約を結ぶときには，就業規則や労働協約，法令に違反しなけれ
□□□ ば，労働者に対して賃金や労働時間などの労働条件を明示する必要は
ない。

070 就業規則には必ず記載しなければならない絶対的記載事項があるが，
□□□ これには，労働時間に関する事項，賃金に関する事項，退職に関する
事項がある。

071 労働基準法によると，1日の法定労働時間は休憩時間を除いて9時間
□□□ である。

072 労働基準法によると，1週間の法定労働時間は休憩時間を除いて40時
□□□ 間である。

073 労働基準法によると，業務上の負傷や疾病のための休業期間や，休業
□□□ が終了した後の30日間に解雇することはできない。

074 労働基準法によると，使用者が解雇をする場合には，少なくとも20日
□□□ 前に労働者に予告をするか，20日分以上の賃金を支払う必要がある。

075 労働基準法では，賃金の支払方法について，通貨払いの原則，直接払
□□□ いの原則，全額払いの原則，毎月1回払いの原則，後日払いの原則の
5つが設けられている。

076 法定労働時間以外の労働に対する割増賃金は，時間外労働の場合は
□□□ 15％以上，休日労働の場合は25％以上，深夜労働の場合は25％以上で
ある。

関連項目 『スタートアップ！中小企業診断士超速習テキスト』 P38-39

解答・解説

069 ×　**労働契約**とは，労働者と使用者の間で結ぶ契約のことをいいます。これは，従業員を企業に採用するときに結ぶ契約です。労働契約を結ぶときには，労働者に対して賃金や労働時間などの**労働条件を明示**することが義務となっています。また，この労働条件は，就業規則や労働協約，法令に違反することはできません。

070 ○　就業規則に記入するものには，必ず記載しなければならない**絶対的記載事項**，その定めをする場合は記載する必要がある**相対的記載事項**，使用者が自由に記載する**任意的記載事項**があります。絶対的記載事項には，労働時間に関する事項，賃金に関する事項，退職に関する事項があります。これらは就業規則に必ず記載する必要があります。

071 ×　労働基準法では，労働者の保護を目的に，労働時間を制限されています。**1日の法定労働時間**は休憩時間を除いて**8時間**です。使用者はこれを超えて労働者を働かせることはできません。

072 ○　労働基準法によると，**1週間の法定労働時間**は休憩時間を除いて40時間です。使用者はこれを超えて労働者を働かせることはできません。

073 ○　業務上の負傷や疾病のための休業期間や，休業が終了した後の30日間は，労働基準法における解雇の制限の対象になります。

074 ×　使用者が解雇をする場合には，少なくとも30日前に労働者に予告をするか，30日分以上の賃金を支払う必要があります。**20日ではありません**。また，合理的な理由がない場合には解雇はできず，**無効**になります。

075 ×　**労働基準法**における，**賃金の支払方法に関する5原則**とは，通貨で払う必要がある**通貨払いの原則**，労働者に直接支払う必要がある**直接払いの原則**，全額を支払う必要がある**全額払いの原則**，毎月1回以上支払う必要がある**毎月1回払いの原則**，支払期日を定める必要がある**一定期日払いの原則**です。後日払いの原則ではなく，一定期日払いの原則です。

076 ×　法定労働時間以外の労働に対する割増賃金は，**時間外**労働の場合は**25％以上**，**休日**労働の場合は**35％以上**です。**深夜**労働の場合は25％以上という記述は適切です。

24

12 マーケティングの基礎

1回　／
2回　／
3回　／

077 AMA（米国マーケティング協会）が2007年に改訂したマーケティングの定義では,「マーケティングとは, 顧客, 依頼人, パートナー, 社会全体にとって価値のある提供物を創造・伝達・配達・交換するための活動であり, 一連の制度, そしてプロセスである。」としている。

078 製品志向のマーケティング・コンセプトは, 供給が需要に追いついた状況を背景にしており, 品質改善や消費者に安定的に製品を提供することが重視される。

079 販売志向のマーケティング・コンセプトとは, 顧客のニーズを探り, 顧客満足を満たす製品を提供していこうとするものをいう。

080 コトラーによる購買意思決定プロセスにおける「代替品評価」とは, 代替品のうち最も高い評価を得たものを購入することである。

081 購買決定行動のタイプの1つである「日常的反応行動」は, 低価格で購買頻度が高い製品, つまり最寄品に多い購買行動である。

082 購買決定行動のタイプの1つである「限定的問題解決」は, 消費者はその製品についてはよく知っているものの, ブランドについてはあまり知らない場合の購買行動で, 専門品に多い購買行動である。

083 購買決定行動のタイプの1つである「拡大的問題解決」は, 消費者が製品やブランドのことをよく知らない場合の購買行動である。

関連項目　『スタートアップ！中小企業診断士超速習テキスト』P42-43

解答・解説

077 ○ 記述のとおりです。**顧客**，**価値**，**プロセス**というキーワードを押さえておきましょう。

078 ○ 記述の通りです。新規企業が参入し，各企業の生産量が増加すると，供給が需要に追いつかない状況から，供給が需要に追いつく状況に移行します。このような状況では，品質の高い製品しか売れなくなるため，**品質改善**や消費者に**安定的に製品を提供**することが重要となります。

079 × 販売志向のマーケティング・コンセプトとは，製品をいかに販売するかを重視するものをいいます。顧客のニーズを探り，顧客満足を満たす製品を提供していこうとするものは，**顧客志向**のマーケティング・コンセプトです。

> 💡**ポイント**
>
> **コトラーによるマーケティング・コンセプトの発展**
>
> ①**生産志向**：効率的に製品を生産し，大量生産を実現しようとするもの
> ②**製品志向**：より良い製品を作り，改良することで顧客に買ってもらおうとするもの
> ③**販売志向**：製品をいかに販売するかを重視するもの
> ④**顧客志向**：顧客のニーズを探り，顧客満足を満たす製品を提供していこうとするもの
> ⑤**社会志向**：顧客満足だけでなく，社会全体に対する責任を果たし貢献していこうとするもの

080 × 代替品評価とは，情報収集によって購入する商品の候補，つまり代替品を評価することです。代替品のうち最も高い評価を得たものを購入するのは，購買決定です。コトラーによる購買意思決定プロセスは，①**問題認知**，②**情報探索**，③**代替品評価**，④**購買決定**，⑤**購買後の行動**，となっています。

081 ○ 日常的反応行動とは，消費者がその製品についてよく知っており，ブランドについてはっきりした選択基準を持っている場合の購買行動です。一般的には，低価格で購買頻度が高い製品（最寄品）に多い購買行動です。

082 × 限定的問題解決とは，消費者はその製品についてはよく知っているものの，ブランドについてはあまり知らない場合の購買行動です。いくつかの製品を比較した上で購入される製品（買回品）に多い購買行動です。

083 ○ 拡大的問題解決とは，消費者がその製品分野の知識がほとんどない場合の購買行動です。専門的で購買頻度が低い製品（専門品）に多い購買行動です。

13 標的市場の選定

1回 □
2回 □
3回 □

084
□□□
セグメンテーションにおける人口統計的基準とは，住民の嗜好をアンケート調査によりデータを集め，それを統計的に分析した基準で細分化を行うものである。

085
□□□
ターゲット・マーケティングでは，最初にポジショニングを行い，次にターゲティングを行い，最後にセグメンテーションを行う。

086
□□□
無差別型マーケティングは，すべての人に対して差別することなく単一のマーケティング・ミックスを行うため，さまざまな消費者ニーズに対応することができる。

087
□□□
差別型マーケティングは，細分化したそれぞれのセグメントに対し，別々のマーケティング・ミックスを投入するため，売上が抑えられるのがデメリットである。

088
□□□
集中型マーケティングによると，限られた経営資源を有効に活用できるというメリットがあるが，リスクが分散できないというデメリットがある。

089
□□□
ポジショニングとは，市場を細分化し，標的とするセグメントを決めるものなので，選択したセグメントでは競合他社よりも優位性を築くことができる。

090
□□□
ポジショニング・マップは，2つの軸を持ったマップで，この2つの軸により，競合との差別化を表現する。

関連項目 『スタートアップ！中小企業診断士超速習テキスト』 P46-47

解答・解説

084 ×　人口統計的基準は，年齢や性別，家族構成，職業，所得などの人口統計的な基準で細分化を行うものです。

085 ×　市場のターゲットを絞ってマーケティングを行う方法を，**ターゲット・マーケ ティング**と呼びます。ターゲット・マーケティングでは，最初に，市場を細分化する**セグメンテーション**を行います。次に，標的とするセグメントを決める**ター ゲティング**を行います。最後に，自社をどのように差別化するかを決める**ポジ ショニング**を行います。

086 ×　**無差別型マーケティング**とは，細分化したセグメントを考慮せず，単一のマーケ ティング・ミックスを市場全体に投入する方法のことをいいます。これは，いわゆる**マス・マーケティング**の手法で，消費者に個別に対応することができないため，さまざまな消費者ニーズに対応することはできません。

087 ×　**差別型マーケティング**は，細分化したそれぞれのセグメントに対し，別々のマー ケティング・ミックスを投入する方法のことをいいます。これは，いわゆる**フル ライン戦略**となります。差別型マーケティングは，すべてのセグメントのニーズに対応するため，**売上が最大化**されるのがメリットです。

088 ○　**集中型マーケティング**は，特定のセグメントにターゲットを絞り込み，そこにす べての経営資源による単一のマーケティング・ミックスを投入する方法です。集 中型のメリットは，**限られた経営資源を有効に活用**できることです。逆にデメ リットは，すべての経営資源を1つのセグメントに集中するため，**リスクが分散 できない**ことです。

089 ×　市場を細分化するのはセグメンテーション，標的とするセグメントを決めるのは ターゲティングです。市場の中で自社の製品がどのように位置づけられるのかを 示すのが，**ポジショニング**です。

090 ○　ポジショニングの検討には，**ポジショニング・マップ**（知覚マップ）と呼ばれる 図がよく使われます。ポジショニング・マップは，下の例のような，2つの軸を 持ったマップです。この2つの軸により，競合との差別化を表現します。

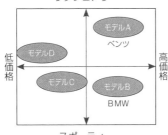

14 製品戦略

1回 ▱
2回 ▱
3回 ▱

091 日常的に購入する食料品や日用雑貨などは，最寄品と呼ばれ，これは
□□□ 購買頻度が高く，低価格であるため，時間や労力をかけずに購買される。

092 洋服やテレビなどの家電のように，消費者が比較し探し回るような製
□□□ 品は専門品と呼ばれ，この購買行動は限定的問題解決である。

093 非探索品は，消費者の関心が低く，あえて自ら求めない製品なので，
□□□ 広告や人的販売のためにかかる費用が少なくて済む。

094 プロダクト・ミックスとは，製品の製造の仕方の組み合わせ，つまり
□□□ 製造プロセスのラインナップのことをいう。

095 製品ライフサイクルの導入期では，一部のイノベーターから購入が始
□□□ まり，競合もまだ少ない状態であり，まだ製品があまり知られていな
いため，売上は少ない。

096 製品ライフサイクルの成長期では，売上が急速に成長するので，マー
□□□ ケティングの主な目的はその製品の知名度を向上させることになる。

097 製品ライフサイクルの成熟期では，売上の成長が鈍るので，製品につ
□□□ いては多様なブランドやモデルを開発し，競合と差別化をすることで
売上や利益を確保できるようにする。

関連項目 『スタートアップ！中小企業診断士超速習テキスト』 P48-49

解答・解説

091 ○ 最寄品とは，習慣的に購入するような製品のことをいいます。例としては，日常的に購入する**食料品**や**日用雑貨**が挙げられます。最寄品は購買頻度が高く，低価格であるため，時間や労力をかけずに購買されます。

092 × 洋服やテレビなどの**家電**のように，消費者が比較し探し回るような製品は，**買回品**です。専門品ではありません。なお，買回品の購買行動は限定的問題解決です。

093 × 非探索品は，消費者の関心が低く，あえて自ら求めない製品のことをいいます。これは，何もしないと売れないため，**積極的な広告**と，**人的販売**が必要な製品です。

094 × プロダクト・ミックスとは，製品の組み合わせ，つまり**品揃え**のことをいいます。製品の製造の仕方の組み合わせや，製造プロセスのラインナップのことをいうのではありません。

095 ○ 導入期は，製品を市場に導入する段階です。まだほとんどの人は製品を知らないですが，一部のイノベーター（革新者）から購入が始まります。競合もまだ少ない状態です。この段階では，まだ製品があまり知られていないため，売上は少ない状態です。

096 × 成長期は，売上が急速に成長する段階です。この段階では，市場規模が急成長し，多くの競合が参加してくるため，競争が激しくなります。そのため，この段階でのマーケティングの主な目的は，**シェアを最大化**することになります。ここでは，積極的な投資をして売上を伸ばし，シェアを確保することが重要です。知名度を向上させることを目的とするのは，導入期においてです。

097 ○ 成熟期は，売上の成長が鈍る段階です。この段階では，すでに市場が大きくなっており，市場の中の競合企業の地位も安定してきます。この段階のマーケティングの目的は，利益を最大化することと，**シェアを維持**することです。成熟期のマーケティング戦略において，製品については多様なブランドやモデルを開発し，競合と差別化をすることで売上や利益を確保できるようにします。

科目1　企業経営理論　　分野3　マーケティング論

15 ブランド

1回 ／
2回 ／
3回 ／

098 ブランド・エクイティを低くすることによって，大きな資産価値を持
□□□ つことができるので，強力に差別化することができる。

099 ブランドの出所表示機能により，顧客が特定の製品を選択しやすくし
□□□ て購買を促進することができる。

100 ブランドの品質保証機能により，顧客はブランドを品質の判断基準に
□□□ することができる。

101 ブランドの広告宣伝機能により，ブランドは顧客に対するイメージを
□□□ 向上させることができる。

102 ブランド拡張戦略では，新しいカテゴリーの製品に既存のブランドを
□□□ つける。

103 ライン拡張戦略とは，すでに確立したブランドを，既存の製品をマイ
□□□ ナーチェンジした製品などにつける戦略である。

104 新ブランド戦略では，同じカテゴリーの製品に違うブランドをつける。
□□□

関連項目 『スタートアップ！中小企業診断士超速習テキスト』 P50-51

解答・解説

098 × ブランドが持つ資産価値のことを，ブランド・エクイティと呼びます。ブランド・エクイティが高いブランドは，大きな資産価値を持っています。ブランド・エクイティは簡単に入手できないので，**強力な差別化要因**となります。

099 ○ ブランドの出所表示機能とは，製品の提供者を明らかにする機能のことをいいます。これにより，顧客が特定の製品を選択しやすくして購買を促進することができます。

100 ○ ブランドの品質保証機能とは，製品やサービスの品質を保証する機能のことをいいます。これにより，顧客はブランドを品質の判断基準にすることができます。

101 ○ ブランドの広告宣伝機能とは，ブランドにより広告宣伝を行う機能のことをいいます。これにより，ブランドは顧客に対するイメージを向上させることができます。

102 ○ 適切な記述です。例えば，もともとオートバイメーカーであったホンダは自動車やエンジンなどのさまざまな新しい製品にもホンダというブランドをつけているように，ブランド拡張戦略は，**新しいカテゴリーの製品に既存のブランドをつける戦略**です。

103 ○ ライン拡張戦略は，すでに確立したブランドを，既存の製品をマイナーチェンジした製品などにつける戦略です。一般的に改良型の製品開発の場合は，ライン拡張戦略をとります。これは，最もリスクが低い方法です。

104 × 同じカテゴリーの製品に，違うブランドをつけるのは，**マルチブランド戦略**です。新ブランド戦略ではありません。よって，記述は不適切です。マルチブランド戦略は，同じ市場において，さまざまな顧客ニーズに対応し，市場のカバー率を高めるのが狙いです。また，店頭での陳列スペースを多く確保する効果もあります。

🔦ポイント

ブランド拡張戦略の種類

●**ライン拡張戦略** ：すでに確立したブランドをマイナーチェンジした製品に使用する戦略

●**ブランド拡張戦略** ：新しいカテゴリーの製品に既存のブランドをつける戦略

●**マルチブランド戦略**：同じカテゴリーの製品に，違うブランドをつける戦略

●**新ブランド戦略** ：新しいカテゴリーの製品に，新しいブランドをつける戦略

16 価格戦略

105 需要志向の価格設定では，消費者の需要が生産者の供給よりも大きければ低い価格を設定する。
□□□

106 消費者が価格差に敏感な製品によく使われる方法に実勢型価格設定というものがあるが，これは競合企業の実勢価格に従う方法である。
□□□

107 コスト志向の価格設定では，あらかじめ想定していた価格を設定し，その価格から製品の原価を控除することによって，利益が計算される。
□□□

108 入札型価格設定は，心理的価格設定の1つで，契約が入札で決定される場合に用いられる。
□□□

109 名声価格とは，あえて高い価格をつけることで，消費者に高い価値があるということを認識させるような価格設定法である。
□□□

110 消費者が慣習的に一定の価格のみ受け入れているような価格を威光価格と呼ぶ。
□□□

111 上澄吸収価格戦略は，新製品に高い価格を設定し，価格にそれほど敏感でない消費者に販売する戦略なので，利益率が低く，新製品の製品コスト回収に時間がかかる。
□□□

112 市場浸透価格戦略は，新製品に安い価格を設定し，大量に販売することでシェアを高める戦略なので，一気にシェアを高めることができるが，競合他社よりも規模の経済性や経験曲線効果は働かない。
□□□

関連項目　『スタートアップ！中小企業診断士超速習テキスト』　P52-53

解答・解説

105 × 需要志向の**価格設定**では，消費者の需要に合わせて価格を設定します。つまり，消費者の需要が生産者の供給よりも大きければ高い価格を設定し，消費者の需要が生産者の供給よりも小さければ低価格を設定します。

106 ○ **実勢型価格設定**は，競合企業の実勢価格に従う方法です。一般的には，価格を支配的に決定しているリーダー企業（**プライスリーダー**）の価格に，プライスフォロワーが追随します。実勢価格型価格設定は，消費者が価格差に敏感な製品によく使われる方法です。

107 × **コスト志向**の価格設定では，製品の原価に一定の利益を上乗せすることで，価格を設定します。製造業ではコストは製品の製造原価となり，流通業ではコストは仕入原価となります。

108 × **入札型価格設定**は，契約が入札で決定される場合に用いられる価格設定ですが，心理的価格設定の1つではなく，**競争志向の価格設定**の1つです。

109 ○ **名声価格**は，心理的価格設定の1つで，あえて高い価格をつけることで，消費者に高い価値があるということを認識させるような価格です。

110 × 記述は，**慣習価格**に関する説明です。慣習価格は心理的価格設定の1つで，消費者が慣習的に一定の価格のみ受け入れているような価格を表します。この価格よりも高いと需要が急激に減るため，消費者に受け入れられる慣習価格で販売され続けることになります。**威光価格は名声価格の別名**です。

111 × **上澄吸収価格戦略（スキミングプライス）**とは，**新製品**に高い価格を設定し，価格にそれほど敏感でない消費者に販売するものをいいます。新製品の発売当初は，価格が高くても購入する**イノベーター**という顧客層をターゲットに高価格で販売することが狙いです。上澄吸収価格戦略のメリットは，**利益率が高く**，新製品の**製品コストを早く回収**できることです。

112 × **市場浸透価格戦略（ペネトレーションプライス）**とは，**新製品**に安い価格を設定し，**大量に販売**することでシェアを高める戦略のことをいいます。市場浸透価格戦略のメリットは，**一気にシェアを高めて**，競合他社よりも，**規模の経済性や経験曲線効果を早く発揮**できることです。

🔟 チャネル戦略

1回 ／
2回 ／
3回 ／

113 チャネルの機能の1つである「金融機能」とは，商流として製品の所□□□ 有権を移転する機能である。

114 開放的チャネル政策では，流通業者に製品のプロモーションを協力し□□□ てもらうことなどの，チャネルの管理が容易となる。

115 選択的チャネル政策では，流通業者を絞り込むことで，販売の努力に□□□ 集中でき，得意先の管理がしやすくなる。

116 排他的チャネル政策には，自社のブランドを高めるのが難しいという□□□ デメリットがある。

117 メーカーがインターネット通販などを行う場合，チャネルの長さによ□□□ る種類としては，間接流通に該当する。

118 メーカーや卸売業者，小売業者を含めて垂直的に組織された流通シス□□□ テムのことを，VMSと呼ぶ。

119 サプライチェーン・マネジメントとは，輸送や倉庫業務といった個別□□□ の業務だけでなく，ロジスティクス全体をアウトソーシングするものである。

関連項目 『スタートアップ！中小企業診断士超速習テキスト』 P54-55

解答・解説

113 × チャネルの機能における**金融機能**とは，流通業者がメーカーから製品を買い取ることにより，最終消費者に購入される前にメーカーに支払いが行われることです。記述の内容は**危険負担機能**です。チャネルの機能には，その他に「所有権移転機能」「製品輸送・保管機能」「情報伝達機能」「販売促進機能」があります。

114 × **開放的チャネル政策**は，メーカーが取引する流通業者を限定せずに，幅広く製品を流通させる方法です。この政策では，メーカーがチャネルをコントロールすることが難しくなり，流通業者に製品のプロモーションを協力してもらうことなど，チャネルの管理が難しくなります。

115 ○ **選択的チャネル政策**は，メーカーが取引する流通業者を，一定の基準によって選択して，業者の数を絞り込む方法です。選択的チャネル政策のメリットは，流通業者を絞り込むことで，販売の努力に集中できることと，得意先の管理がしやすくなることです。

116 × **排他的チャネル政策**は，製品の流通を制限し，専売店のみに販売権を付与するものです。排他的チャネル政策のメリットは，チャネルを専売店のみに絞り込むことで，**自社のブランドを高める**のに向いていることです。
排他的チャネル政策のデメリットは，チャネルを極端に絞り込むため，消費者の認知度が低下し，売上が低下する可能性があることです。

117 × メーカーがインターネット通販などを行う場合，チャネルの長さによる種類は**直接流通**です。**直接流通**は，メーカーが直接消費者と取引を行うチャネルです。これに対して，**間接流通**は，メーカーと消費者の間に流通業者が介在するチャネルです。

118 ○ メーカーや卸売業者，小売業者を含めて垂直的に組織された流通システムのことを，VMS（Vertical Marketing System，**垂直的マーケティングシステム**）と呼びます。垂直的マーケティングシステムを築くことで，チャネル全体で競争力を高めることが狙いです。

119 × 輸送や倉庫業務といった個別の業務だけでなく，ロジスティクス全体をアウトソーシングすることを，**サードパーティーロジスティクス**と呼びます。ロジスティクスの専門業者を利用することで，物流業務を改革し**コスト削減**や**顧客満足度の向上**を図ることが狙いです。

18 プロモーション

120　プロモーションとは，顧客や流通業者に対して情報伝達を行うことにより購入を促進することであり，情報をどのように伝えるのかということを，口コミと呼ぶ。

121　広告媒体における，新聞のメリットはカバー範囲が広いことであり，テレビのメリットは視聴者が多いこと，映像・音声などを使い消費者の感覚に訴えられることである。

122　広告媒体における，ラジオのデメリットはコストが高いことであり，雑誌のデメリットは広告が出るまでのリードタイムが長いことである。

123　ダイレクトメールのメリットは対象の選択ができること，消費者に個別に対応できることである。

124　インターネット広告のメリットは，双方向性が高く，低コストであることである。

125　パブリシティは，自社がトピックスをまとめ出版物として発行し，直接的に消費者にメッセージを届けるものをいう。

126　流通業者向けの販売促進には，リベート，アローワンス，販売店コンテスト，リテールサポートなどがある。

関連項目 『スタートアップ！中小企業診断士超速習テキスト』 P56-57

解答・解説

120 × プロモーションとは，顧客や流通業者に対して情報伝達を行うことにより購入を促進することですが，情報をどのように伝えるのかということは，**マーケティングコミュニケーション**と呼びます。マーケティングコミュニケーションは，情報の送り手から，メッセージを，受け手に届けるプロセスです。

121 ○ 適切な記述です。**新聞**のメリットは，カバー範囲が広いこと，短いリードタイムで広告を出せること，信頼性が高いことです。**テレビ**のメリットは，視聴者が多いこと，映像・音声などを使い消費者の感覚に訴えられることです。

122 × ラジオは，他のマス媒体と比べて**コストが安い**のがメリットであり，デメリットではありません。ラジオのデメリットは，**表現方法が音声のみであること**と，**消費者の注意をあまり集められない**ことです。なお，雑誌のデメリットは，広告が出るまでのリードタイムが長いこと，読者数が少ないことです。

123 ○ 適切な記述です。**ダイレクトメール**は，企業が消費者に直接メッセージを届ける手段です。ダイレクトメールのメリットは，対象の選択ができること，消費者に個別に対応できることです。

124 ○ 適切な記述です。**インターネット広告**では，ポータルサイトなどに表示する**バナー広告**や，検索エンジンで特定のキーワードが検索された時に，検索結果に表示される**検索連動型広告**があります。インターネット広告のメリットは，検索したときに表示されるなど双方向性が高く，低コストであることです。

125 × パブリシティは，テレビや新聞，雑誌などのメディアに働きかけることで，ニュースとして取り上げられることを目的とします。広告と違い，直接消費者にメッセージを届けるのではなく，メディアの判断でニュースとして取り上げられるということになります。企業は，パブリシティを活用するために，**プレスリリース**等の手段を使ってニュース素材をメディアに提供します。

126 ○ リベートは，取引金額が多い場合や，メーカーの販売促進に協力してくれた場合など一定の基準を満たすとき，取引後に流通業者に現金などを支払うことです。**アローワンス**は，流通業者がメーカーの意図に従って広告や陳列などを行った場合に割引を行うものです。**販売店コンテスト**は，販売店同士を競争させて，優秀な販売店を表彰したり優遇したりする制度です。**リテールサポート**は，販売店に対して経営支援をすることです。

19 関係性マーケティング・サービス

127
□□□
関係性マーケティングは，新規顧客の開拓よりも，既存顧客の維持のほうがマーケティングコストを削減でき，収益性を高められるという考えを前提としている。

128
□□□
カスタマーリレーションシップマネジメントでは，顧客と顧客との連係を深めることによって，収益性の高い顧客を明確化し，その顧客に対して最適なマーケティング・ミックスを適用する。

129
□□□
RFM分析は，Response（購買反応度），Frequency（購買頻度），Monetary（購買金額）を指標として，顧客ごとにポイントの合計を算出し，優良顧客を判別するための分析である。

130
□□□
頻繁に購入してくれる優良顧客に対して，優先的にプロモーションを行う手法のことを，IMCと呼ぶ。

131
□□□
サービスは生産と消費が同時に行われるという変動性という特性を持っている。

132
□□□
サービスは目で見たり触ったりできないという無形性という特性を持っている。

133
□□□
サービスの生産性を向上させるには，需要の調整を図ったり，供給能力を改善したりすることが重要である。

関連項目　『スタートアップ！中小企業診断士超速習テキスト』　P58-59

解答・解説

127 ○ 関係性マーケティング（リレーションシップマーケティング）は，顧客との双方向のコミュニケーションなどにより関係性を深めて，**顧客を維持**していくことが目的です。関係性マーケティングは，新規顧客の開拓よりも，既存顧客の維持のほうがマーケティングコストを削減でき，収益性を高められるという考えを前提としています。

128 × カスタマーリレーションシップマネジメント（CRM）は，顧客との関係を深めることで，顧客ロイヤルティを高め，収益を拡大しようとするマーケティング手法です。CRMでは，**収益性の高い顧客を明確化**し，その顧客に対して最適なマーケティング・ミックスを適用していきます。顧客と顧客との連係を深めるわけではありません。

129 × RFM分析は，Recency（最新購買日），Frequency（購買頻度），Monetary（購買金額）を指標として，顧客ごとにポイントの合計を算出し，**優良顧客を判別**するための分析です。RはRecency（最新購買日）であって，Response（購買反応度）ではありません。

130 × 頻繁に購入してくれる優良顧客に対して，優先的にプロモーションを行う手法は，**FSP**（Frequent Shoppers Program）です。**IMC**（Integrated Marketing Communications）は，**統合マーケティングコミュニケーション**のことで，多岐にわたるメディアにおける企業発信のメッセージを統一・統合して展開するマーケティングコミュニケーションのことです。

131 × サービスの特性のうち，**不可分性**（同時性）とは，**美容院のサービス**のように，サービスは生産と消費が同時に行われ，サービスを提供する人がその場にいなければならないということです。変動性ではありません。

132 ○ サービスの特性のうち，**無形性**（非有形性）とは，**パッケージ旅行**のように，サービスは目で見たり触ったりできないということです。

133 ○ サービスの**生産性を向上させる**方法として，これには，需要の調整を図る方法や供給能力を改善する方法があります。**需要の調整を図る方法**として，予約制の導入や，ピーク時以外の需要の活性化が挙げられます。また，**供給能力を改善する方法**として，**非正規社員の活用**や，**セルフサービスの導入**が挙げられます。

科目2

財務・会計

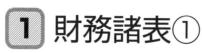

1 財務諸表①

001
□□□ 株式会社が会社法により作成することが義務づけられている計算書類には，貸借対照表，損益計算書，株主資本等変動計算書，個別注記表がある。

002
□□□ 株式会社が会社法により作成することが義務づけられている計算書類等には，計算書類，事業報告並びにこれらの附属明細書がある。

003
□□□ 貸借対照表の役割は一定期間における財政状況を表すことである。

004
□□□ 会社法では，「貸借対照表は資産・負債・資本に分けて表示しなければならない」とされている。

005
□□□ 「流動資産」には，「現金預金」「受取手形」「売掛金」「貸倒引当金」「有価証券」「棚卸資産」「短期貸付金」などが含まれる。

006
□□□ 「棚卸資産」とは，流通業では主に「商品」，製造業では「製品」「原材料」「仕掛品」などの在庫のことをいう。

007
□□□ 「流動負債」の代表的なものとしては「支払手形」「短期借入金」「前受収益」などがある。

関連項目 『スタートアップ！中小企業診断士超速習テキスト』 P68-73

解答・解説

001 ○ 株式会社は，会社法により計算書類（財務諸表）を作成することが義務づけられ
ています。計算書類には，**貸借対照表，損益計算書，株主資本等変動計算書，個
別注記表**（計算書類を読む際の注意事項を記したもの）があります。

002 ○ 株式会社には，計算書類等として，001で挙げられた計算書類の他に，**事業報告**
並びにこれらの**附属明細書**の作成が会社法により義務づけられています。

003 × 貸借対照表の役割は，**一定時点の財政状態を示す**ことです。つまり，ある時点で
企業がどのように資金を調達し，その資金をどのように運用しているかを表した
ものです。貸借対照表は，現金や借入金，資本金などの企業の財政状態が期末の
時点でどのような状態になっているかを表します。
なお，**一定期間の経営成績を示す**財務諸表は**損益計算書**です。

ポイント

財務諸表の種類

●**貸借対照表**：どのように資金を調達し，その資金をどのように運用して
いるか
●**損益計算書**：どのような活動をし，どれくらい儲かっているか
●**株主資本等変動計算書**：純資産（株主の資本等）の変動状況
●**キャッシュ・フロー計算書**：キャッシュ（現金・預金）の流入・流出の
状況

004 × 貸借対照表の**左側**（借方）が資金の運用形態を表します。資金の運用状態は**資産
の部**で表されます。**右側**（貸方）が資金の調達源泉を表します。**資金の調達源泉**
は，**負債の部，純資産の部**（旧商法では**資本の部**と呼ばれていましたが会社法施
行後は**純資産の部**となりました）で表されます。純資産の定義は，資産総額から
負債総額を差し引いたものです。

005 ○ 流動資産には，**比較的短期間に現金化される資産**が含まれます。その基準として
は，**正常営業循環基準**または**1年基準**に当てはまる資産を表します。正常営業循
環基準は，通常の営業サイクルで発生する資産を表し，現金，売掛金，受取手形，
貸倒引当金，商品，製品，原材料，仕掛品などを含みます。

006 ○ 棚卸資産は，**販売されることで現金化される資産**を表します。商業では，**商品**，
工業では**原材料，仕掛品，半製品，製品**などのいわゆる在庫のことをいいます。
当座資産より換金性には劣りますが，流動資産に入ります。

007 ○ 流動負債は，企業の**通常の営業サイクル**に含まれており，**比較的短期間に返済す
る項目**が含まれます。支払手形，短期借入金，前受収益は流動負債に属する勘定
科目です。

科目2 財務・会計　分野1 アカウンティング

② 財務諸表②

1回 ☐/
2回 ☐/
3回 ☐/

008 「固定負債」には，返済義務が1年を超える債務の項目が表示されて
☐☐☐ いる。代表的なものには「社債」「長期借入金」「退職給付引当金」
「貸倒引当金」などがある。

009 「純資産の部」は，「資産の部」から「負債の部」を差し引いた差額で
☐☐☐ あり，返済義務のない株主からの資金調達額のみからなる。

010 「自己株式」は，自社が発行した株式を，自らが取得して保有してい
☐☐☐ るものである。発行済株式数を増加させることで，株価を下落させ多
数の投資家による株式の保有を促したい場合などに自己株式が取得さ
れることがある。

011 期末の在庫が多くても，その分は前期からの商品繰越高と当期の仕入
☐☐☐ 高の合計から差し引かれるため，当期の売上原価が減ることになる。
ただし翌期の期首の商品が増えるので，翌期以降に影響を及ぼすこと
になる。

012 当期投入した「材料費」や「労務費」は売上原価に全額反映される。
☐☐☐

013 「売上総利益」は，「売上高」から「売上原価」を差し引いて求める。
☐☐☐ 「売上原価」には当期の仕入高やその仕入れた商品を販売するために
かかる費用が含まれる。

014 「営業利益」は，営業活動の結果得られる利益を表している。つまり，
☐☐☐ 本業での儲けを表すのが「営業利益」である。

関連項目 『スタートアップ！中小企業診断士超速習テキスト』 P68-73

解答・解説

008 × 固定負債には，**社債**や**長期借入金**，**退職給付引当金**など返済義務が１年を超える債務の項目が表示されています。退職給付引当金は**負債性引当金**なので，負債の部に記載されますが，貸倒引当金は**評価性引当金**として，資産の部のマイナス項目として表示されます。よって，この記述は不適切です。

009 × 純資産の部には，**株主からの出資**に加え，**会社が事業活動によって生んだ利益を元にした繰越利益剰余金のうち，配当等を行わず内部留保している分**なども含まれます。

010 × 自己株式を取得すると，市場に流通する発行済株式数を減少させることができます。企業は，発行済株式数を減少させて株価の維持をしたい場合などに自己株式を取得することがあります。

011 ○ 売上原価は，

> **期首商品棚卸高＋当期商品仕入高－期末商品棚卸高（＋棚卸減耗費＋商品評価損）**

で求めます。売れ残った分（期末在庫）については，当期の商品仕入高から期末商品棚卸高として差し引かれます。その分は繰越商品（資産）で翌期に繰り越され，期首商品棚卸高として，翌期の売上原価に算入されます。よって，この記述は適切です。

012 × 材料費や労務費は当期に消費した分だけ，製造原価に入ります。そして当期に完成した製品の中から売上に関わった製品だけが，当期の売上原価に算入されます。**当期製造された中でも売れずに在庫になった製品は翌期以降に繰り越され，当期の費用とはなりません。**したがって，当期に投入された材料費や労務費のすべてが売上原価に反映されるわけではありません。

013 × 売上原価は当期の仕入高に期首の商品棚卸高を足し，期末の商品棚卸高を差し引き，そこに商品評価損（正常なもの）と棚卸減耗費（販売費に入れる場合もあります）を足して求められます。販売にかかる費用は**販売費及び一般管理費**となり，売上原価には入りません。

014 ○ 営業利益には，**売上総利益から販売費及び一般管理費を差し引いた利益の額**が示されています。

財務諸表③

015 「販売費」は，広告宣伝費や販売員の給与など販売活動にかかった経
□□□ 費である。「一般管理費」は，事務所の家賃や，直接工の直接作業時
間の賃金，間接部門の給与など，管理活動にかかった経費のことであ
る。

016 「販売費及び一般管理費」には，「減価償却費」「支払利息」や「貸倒
□□□ 引当金繰入額」も含まれる。

017 「経常利益」は，本業で稼いだ利益に加えて，金融で稼いだ収益や事
□□□ 業を拡大する際の資金調達にかかる利子等を含めて計算した，経常的
に発生する本業以外の利益を表す。ただし通常発生しない臨時の収益
や費用は含まない。

018 「特別利益」は，「雑収入」「固定資産売却益」など臨時的・例外的に
□□□ 発生した収益のことをいう。

019 「特別損失」には，「固定資産売却損」や「災害損失」など臨時的・例
□□□ 外的に発生した費用が算入される。

020 「当期純利益」には，「税引前当期純利益」から「法人税及び住民税」
□□□ を差し引いた利益の額が示される。また，「当期純利益」と前期繰越
利益を合わせて，貸借対照表の「繰越利益剰余金」となる。

021 株主資本等変動計算書の役割は，「貸借対照表の資産の部の変動状況」
□□□ を示すことである。

022 株主資本等変動計算書における「剰余金の配当による利益準備金積
□□□ 立」は，剰余金の配当を行った場合に，一定の割合を「利益準備金」
に積み立てたものである。「利益準備金」には積み立てた額，「利益剰
余金」には同じ額だけマイナスした額が表示される。

関連項目　『スタートアップ！中小企業診断士超速習テキスト』　P68-73

解答・解説

015　×　販売費は，広告宣伝費や販売員の給与など販売活動にかかった経費です。一般管理費は，事務所の家賃や，間接部門の給与など，管理活動にかかった経費です。直接工員の直接作業時間の賃金は，製造原価に算入されます。

016　×　**販売費及び一般管理費**には，**減価償却費**や**貸倒引当金繰入額**も含まれますが，**支払利息**は営業外費用になります。

017　○　経常利益は，**経営活動全般を通じた利益**を表します。設問文にあるような資金調達にかかる費用を含めて計算した利益が，経常利益となります。通常では発生しない費用や収益は**特別損失**，**特別利益**になります。

018　×　特別利益は，**臨時的・例外的に発生した収益**です。前期損益修正益，固定資産売却益などが入ります。雑収入は営業外収益に属します。

019　○　特別損失は，**臨時的・例外的に発生した費用**です。固定資産売却損や災害損失などがあります。

020　○　当期純利益には，**税引前当期純利益**から法人税，住民税及び事業税を差し引いた**利益の額**が示されています。**当期純利益**と**前期繰越利益**を合わせて，貸借対照表の繰越利益剰余金となります。繰越利益剰余金から，利益処分として株主への配当などが行われます。さらに，残った金額が企業の内部留保として，成長していくために使われていきます。

021　×　株主資本等変動計算書の役割は，貸借対照表の純資産の変動状況を示すことです。

022　○　**剰余金の配当による利益準備金積立**は，剰余金の配当を行った場合に，一定の割合を利益準備金に積み立てたものです。**利益準備金**には積み立てた額，**利益剰余金**には同じ額だけマイナスした額が表示されます。よってこの説明は適切です。

簿記の基礎知識①

1回
2回
3回

023　商品を注文することは「簿記上の取引」となる。
□□□

024　火災が発生して商品が焼失した場合は「簿記上の取引」となる。
□□□

025　簿記では，「資産」「負債」「資本」「収益」「費用」の要素に分けて記
□□□　入する。

026　「資産の増加」「負債の減少」は，「借方」に記入される。
□□□

027　取引の発生から財務諸表の作成に至るまでの簿記一巡の手続は，
□□□

取引の発生→仕訳→総勘定元帳転記→決算整理手続→試算表の作成→
財務諸表の作成

である。

028　商品150,000円（原価100,000円）を売り渡し，代金は現金で受け取っ
□□□　た。この取引に関する仕訳は，

（借）現　金　100,000円	（貸）売　上　100,000円

である。

029
□□□

（借）現　金　100,000円	（貸）売掛金　100,000円

この取引内容は，「取引先へ売掛金100,000円を現金で支払った。」で
ある。

030　返品に関して，
□□□

（借）買掛金　　　500円	（貸）仕　入　　　500円

この取引は商品を仕入れた側が，仕入れた商品のうち500円分を返品
している。

関連項目　『スタートアップ！中小企業診断士超速習テキスト』　P74-77

解答・解説

---

023 × 取引とは，**貨幣・財貨・用役等の交換**という意味です。財貨等の相互の交換なので，民法では，所有権の移転が必要要件となります。
商品を注文した時点ではまだ所有権が移転していないので，「簿記上の取引」とはなりません。

---

024 ○ 商品は納品された時点で，仕入先に所有権が移転します。すなわち，商品が減り，売上が計上されます。よって，「簿記上の取引」になります。

---

025 ○ 複式簿記では，「資産」「負債」「資本（純資産）」「収益」「費用」の5つの要素が，それぞれ増減した原因と結果の関係を表します。**資産，負債，資本（純資産），収益，費用**は，簿記の**5要素**と言われています。

	貸借対照表		損益計算書	
	負　債		費　用	
資　産	純資産（資本）		利　益	収　益

---

026 ○ 借方には，「資産の増加」「負債の減少」「純資産の減少」「費用の増加」「収益の減少」が入ります。

---

027 × 正しくは，「取引の発生 → 仕訳 → **総勘定元帳転記** → **試算表の作成** → **決算整理手続** → 財務諸表の作成」です。

---

028 × 正しくは，　（借）現　金　150,000円　　　（貸）売　上　150,000円　です。

> **ポイント**
>
> 仕訳の左側を借方，仕訳の右側を貸方と呼び，現金や借入金といった，取引を分類する項目を勘定科目と呼びます。仕訳では，借方と貸方は必ず一致します。

---

029 × 正しくは，「取引先より売掛金100,000円を現金で受け取った。」です。掛取引では，仕訳を見てどのような取引が行われたかを，正確に読み取れるようにしましょう。

---

030 ○ この仕訳は，**仕入戻し**のケースです。仕入がなかったものとして取り消しがされています。よって，仕入れた商品のうち，返品されているものがあることがわかります。

科目2　財務・会計　　分野1　アカウンティング

簿記の基礎知識②

031
□□□
建物1,000万円を現金で購入した。建物購入時の手数料は100万円であった。この取引に関する仕訳は，以下のとおりである。

（借）建　物	1,100万円	（貸）現　金	1,100万円

032
□□□
剰余金の配当をする場合には，配当する剰余金の4分の1の額を「資本準備金」または「利益準備金」として計上しなければならない。

033
□□□
残高試算表は，勘定ごとに，借方の合計金額と，貸方の合計金額を集計した表である。

034
□□□
期中に家賃を120,000円払ったが，そのうち30,000円は次期の家賃である。この経過勘定に関する取引の仕訳は，

（借）前払家賃	30,000円	（貸）支払家賃	30,000円

である。

関連項目　『スタートアップ！中小企業診断士超速習テキスト』　P74-77

解答・解説

031 ○ 有形固定資産の価値である取得原価は，有形固定資産の購入代価に**手数料を加え**たものになります。設問文では，建物の取得原価は，建物1,000万円に手数料100万円を加え，1,100万円になります。よって借方に建物1,100万円が入ります。また現金を支払っているため，貸方に現金1,100万円が入ります。

032 × 配当する**剰余金の10分の1の額**を**資本準備金**または**利益準備金**として積み立てる必要があります。ただし，この準備金への積み立ては，配当時の資本準備金と利益準備金の合計額が**資本金の4分の1**に達していれば必要ありません。

033 × **残高試算表**は，勘定ごとに，**借方と貸方の差額である残高**を集計した表です。設問文は，**合計試算表**に関する記述です。

<table>
<tr><th colspan="3">合計試算表
令和XX年3月31日</th><th colspan="3">残高試算表
令和XX年3月31日</th></tr>
<tr><th>借方</th><th>勘定科目</th><th>貸方</th><th>借方</th><th>勘定科目</th><th>貸方</th></tr>
<tr><td>1,000</td><td>現金</td><td>400</td><td>600</td><td>現金</td><td></td></tr>
<tr><td>900</td><td>受取手形</td><td>500</td><td>400</td><td>受取手形</td><td></td></tr>
<tr><td>1,200</td><td>売掛金</td><td>600</td><td>600</td><td>売掛金</td><td></td></tr>
<tr><td>200</td><td>支払手形</td><td>500</td><td></td><td>支払手形</td><td>300</td></tr>
<tr><td>300</td><td>買掛金</td><td>800</td><td></td><td>買掛金</td><td>500</td></tr>
<tr><td></td><td>短期借入金</td><td>400</td><td></td><td>短期借入金</td><td>400</td></tr>
<tr><td></td><td>売上</td><td>1,200</td><td></td><td>売上</td><td>1,200</td></tr>
<tr><td>800</td><td>仕入</td><td></td><td>800</td><td>仕入</td><td></td></tr>
<tr><td>4,400</td><td></td><td>4,400</td><td>2,400</td><td></td><td>2,400</td></tr>
</table>

034 ○ 当期に支払った家賃120,000円のうち30,000円が次期の家賃になります。よって，前払費用が発生していることになります。決算時の仕訳では，借方に前払家賃30,000円，貸方に支払家賃30,000円を記入します。

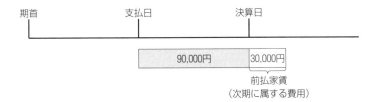

科目2 財務・会計　　分野1 アカウンティング

6 税務・結合会計

1回 ⬜／
2回 ⬜／
3回 ⬜／

035
⬜⬜⬜ 減価償却費の償却超過額は，税務調整上の損金不算入に該当する。

036
⬜⬜⬜ 税効果会計に関して，将来減算一時差異とは当該一時差異が解消されるときに，その期の課税所得を増額する効果を持つ。

037
⬜⬜⬜ 合併時の会計処理に関して，買収対象企業の資産・負債を帳簿価額のまま引き継いで計上する会計手法を持分プーリング法と言い，買収された企業の評価純資産と買収価額との差額を非支配株主持分という勘定に計上する。

038
⬜⬜⬜ A社はB社の議決権株式を49％保有しており，意思決定機関を支配している。このときA社にとってB社は連結会計上の子会社である。

039
⬜⬜⬜ 子会社の資本金が500百万円で，親会社が子会社の議決権株式を60％取得している場合，連結貸借対照表を作成する上で，非支配株主持分に計上される金額は200百万円である。

関連項目 『スタートアップ！中小企業診断士超速習テキスト』 P78-79

解答・解説

035　○　税務調整は，税務申告書類の１つである**別表四**で行い，「**損金不算入**」「**損金算入**」「**益金不算入**」「**益金算入**」の４つの種類があります。損金不算入は，会計上は費用としているが，税務上の損金として認められない項目です。**当期純利益に加算**します。「交際費の損金不算入額」「減価償却費の償却超過額」などが対象です。

036　×　**将来減算一時差異**は，将来の所得を**減額**する効果をもちます。「貸倒引当金の超過額」「減価償却費の償却超過額」などがあります。将来減算一時差異では，一時的な差異を**繰延税金資産**として貸借対照表の資産の部に計上します。

037　×　合併会計には，**パーチェス法と持分プーリング法**がありましたが，国際会計基準に合わせて，**平成22年４月以降に実施される企業合併からパーチェス法に一本化**されています。パーチェス法は，被合併会社の資産や負債を**時価評価**する会計手法で，持分プーリング法は，買収対象企業の資産・負債を**帳簿価額**のまま引き継いで計上する会計手法です。パーチェス法での取得価額と，時価評価した純資産額，つまり「資産－負債」の金額に差がある場合は，その差額を「**のれん**」という勘定に計上します。なお，のれんは**20年以内に償却**する繰延資産です。

038　○　**支配力基準**は，以下の３つの要件のうち，１つでも満たした会社が子会社と判定されます。

> ①　議決権のある株式の過半数超を所有している
> ②　他の会社の意思決定を実質的に支配している
> ③　他の子会社を通じて過半数の株式を所有している

設問文で，A社はB社の議決権株式を過半数超は保有していませんが，意思決定を実質的に支配しているため，子会社と判定されます。

039　○　**子会社の資本のうち親会社に帰属しない部分**を**非支配株主持分**といいます。連結貸借対照表の**純資産の部**に計上します。子会社の資本の40％が非支配株主持分になります。したがって非支配株主持分は子会社の資本金500百万円×40％＝200百万円となります。

54

040 取得日から6カ月以内に償還されるコマーシャルペーパーは，キャッ
□□□ シュ・フロー計算書における現金及び現金同等物である。

041 間接法で営業キャッシュ・フローを作成した場合，「減価償却費」と
□□□ 「貸倒引当金の増加額」の符号はマイナスとなる。

042 間接法で営業キャッシュ・フローを作成した場合，「受取利息及び受
□□□ 取配当金」の符号はマイナスとなる。

043 キャッシュ・フロー計算書において，株式の発行による収入は，投資
□□□ 活動におけるキャッシュ・フローの項目に含まれる。

044 キャッシュ・フロー計算書において，長期貸付金は財務活動による
□□□ キャッシュ・フローの項目に含まれる。

関連項目 『スタートアップ！中小企業診断士超速習テキスト』 P80-83

解答・解説

040 × コマーシャルペーパーは，**満期が3カ月以内のものが現金同等物**となります。

041 × **減価償却費**と**貸倒引当金の増加額**は**非資金項目**です。非資金項目は損益計算書の費用のうち，キャッシュの出入りを伴わないものです。よって，利益からキャッシュを表すように修正するためには，マイナスされている利益にその分を**プラス**する必要があります。

キャッシュ・フロー計算書		
I 営業活動によるキャッシュ・フロー		
税引前当期純利益	XXX	
減価償却費	XXX	}　非資金費用の調整 キャッシュの出入りがない ので加算します。
貸倒引当金の増加額	XXX	
（以下省略）		

042 ○ **受取利息及び受取配当金**は，損益計算書では営業外損益や特別損益などの**営業活動以外の損益**です。したがって，営業キャッシュ・フローから除去するために，損益計算書の符号を逆にして**マイナス**で記載します。

キャッシュ・フロー計算書		
I 営業活動によるキャッシュ・フロー		
税引前当期純利益	XXX	
減価償却費	XXX	
貸倒引当金の増加額	XXX	
受取利息及び受取配当金	XXX	}　損益計算書の「営業外損益」 「特別損益」の項目を，符 号を逆にして調整します。
支払利息	XXX	
有形固定資産	XXX	
（以下省略）		

043 × **株式の発行による収入**は投資活動によるキャッシュ・フローの項目に表示されません。**財務活動によるキャッシュ・フロー**で表示されます。

044 × **長期貸付金**は**投資活動によるキャッシュ・フロー**の項目です。財務キャッシュ・フローには，「短期借入金，長期借入金の借入と返済」「社債の発行と償還」「株式の発行」「配当金の支払い」などが含まれます。

科目2 財務・会計

分野1 アカウンティング

8 原価計算①

1回
2回
3回

045 原価の構成について，以下の式が成り立つ。
　　総原価＝販売費及び一般管理費＋製造直接費

046 製造原価は，費目別に分類すると「材料費」「労務費」「雑費」に分けられる。

047 製造原価は，製品に対する原価発生の態様との関連によって，「直接費」と「間接費」とに分類される。

048 製造原価報告書において，当期製品製造原価は，以下の式で求められる。

　　当期製品製造原価
　　　　＝期首製品棚卸高＋当期総製造費用－期末製品棚卸高

関連項目 『スタートアップ！中小企業診断士超速習テキスト』 P84-87

解答・解説

045 × 原価を構成する項目にはさまざまなものがあります。**製造原価**は、**製品の製造にかかった原価**です。原価計算では、主に**製造原価**を扱います。**販売費及び一般管理費**は、**販売活動と管理活動にかかった原価**です。製造原価と販売費及び一般管理費を合計して、**総原価**と呼びます。生産活動と販売活動でかかったすべての費用であり、原価を広く捉えたものです。したがって、正しい式は

総原価＝販売費及び一般管理費＋製造原価 で、原価の構成は以下のとおりです。

046 × 製造原価は、材料費、労務費、経費に分けられます。**材料費**は、**投入した原材料や部品などの原価**です。**労務費**は、**投入した労働力に対する原価**です。経費は、**材料費、労務費以外で製造にかかった費用**です。

047 ○ 各種の原価は、特定の製品に**関連づけることができる**（製造）直接費と、特定の製品に**関連づけることのできない**（製造）間接費に分類されます。

048 × 当期の製造費用がすべて製品製造原価にはなりません。当期総製造費用に期首仕掛品棚卸高をプラスし、期末仕掛品棚卸高をマイナスする必要があります。つまり

当期製品製造原価＝期首仕掛品棚卸高＋当期総製造費用－期末仕掛品棚卸高

となります。仕掛品とは**製造途中の未完成品**のことで、製品ではありません。

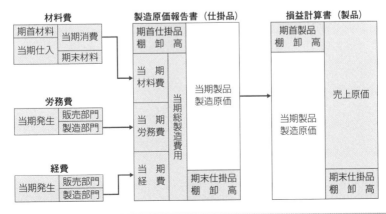

科目2　財務・会計　　分野1　アカウンティング

9 原価計算②

1回
2回
3回

049 個別原価計算では，個別の注文ごとに生産する受注生産形態で採用されている。

050 総合原価計算では，直接材料費，加工費に分類して計算する。

051 総合原価計算において，当期投入数量は，完成品から期末仕掛品を控除して求めることができる。

052 総合原価計算において，期末仕掛品の原価を求める3つの方法は，①先入先出法，②後入先出法，③平均法である。

053 A社では標準原価計算制度を採用している。直接材料は工程の始点で全部投入する。次の資料に基づくと，当月の標準消費量は450kgである。
①直接材料費標準（製品1個当たり）：5 kg×@20千円＝100千円
②月実際直接材料費：400kg×@22千円＝8,800千円
③月生産数量：月初仕掛品　10個，月末仕掛品　30個，完成品　70個

054 （053の続き）直接材料費差異は，800千円（有利差異）となる。

関連項目 『スタートアップ！中小企業診断士超速習テキスト』 P84-87

解答・解説

049 ○ **個別原価計算**は，**個別の製品**ごとに**原価計算をする方法**です。よって個別の注文
ごとに生産する**受注生産形態**で採用されます。なお，**大量生産形態**で採用される
原価計算の方法は，**総合原価計算**になります。

050 ○ **総合原価計算**では，発生原価を**直接材料費**と**加工費**に分けて集計します。個別原
価計算とは大きく違う点になりますので，必ず理解しておきましょう。

製造原価

直接材料費		直接材料費		直接材料費	
直接労務費		直接労務費			
直接経費		直接経費		加工費	
間接材料費					
間接労務費		製造間接費			
間接経費					

051 × 当期投入数量は次の算出式で求められます。

当期投入数量＝完成品＋期末仕掛品－期首仕掛品

本試験対策上では右図で押さえておきましょう。

ボックス図

052 ○ **先入先出法**では，期末仕掛品は**当期に投入した費用**で構成されます。**後入先出法**
では，期末仕掛品は，**期首仕掛品原価**が優先され，不足分は**当期投入分の費用**が
含まれます。**平均法**では，期末仕掛品は，**期首仕掛品と当期投入分を平均した原
価**で構成されます。

053 ○ 資料③より当月投入個数は90個（完成品70個＋月末仕掛品30個－月初仕掛品
10個）であることがわかります。よって，標準消費量は450kg（資料①より5
kg×当月投入個数90個）になります。

054 × 直接材料費の差異は**数量差異**と**価格差異**に分けて考えます。

数量差異＝標準単価×（標準消費量－実際消費量）
　　　　＝20千円×（450kg－400kg）
　　　　＝1,000千円（有利差異）
価格差異＝（標準価格－実際価格）×実際消費量
　　　　＝（20千円－22千円）×400kg
　　　　＝－800千円（不利差異）

よって，直接材料費差異は，200千円（有利差異）（1,000千円－800千円）に
なります。

10 原価計算③

055 次の資料に基づくと，直接労務費差異は51,000円の不利差異である。

	標準		実際	
	価格	数量	価格	数量
直接労務費	1,300円／時間	190時間	1,200円／時間	220時間

056 直接原価計算では製造にかかった費用を，変動費と固定費に分解する。

057 売上高から変動売上原価を引いたものを変動製造マージン，変動製造マージンから変動販売費を引いたものを限界利益という。

058 以下の資料に基づいて，直接原価計算により計算された，営業利益，限界利益の組み合わせは，営業利益2,400,000円，限界利益1,975,000円である。

売上高	5,000,000円
変動製造費用	2,450,000円
固定製造費用	300,000円
変動販売費	150,000円
固定販売費	125,000円

関連項目 『スタートアップ！中小企業診断士超速習テキスト』　P84-87

解答・解説

055　×　**標準原価計算**において，直接労務費の差異は，**時間差異**と**賃率差異**に分けて考えます。

> **時間差異＝標準賃率×（標準時間－実際時間）**
> 　　　　＝1,300円×（190時間－220時間）
> 　　　　＝－39,000円（不利差異）
> **賃率差異＝（標準賃率－実際賃率）×実際時間**
> 　　　　＝（1,300円－1,200円）×220時間
> 　　　　＝22,000円（有利差異）

よって，直接労務費差異は，－17,000円（不利差異）（－39,000円＋22,000円）となります。

056　○　**全部原価計算**では変動費と固定費を区別せずに，すべてを原価とします。**直接原価計算**は費用を変動費と固定費に分けて，損益構造を明確にします。

057　○　**売上高から変動売上原価だけを引いた利益**が変動製造マージンになります。変動製造マージンから，**変動販売費**を引いたものが**限界利益**になります。限界利益は，売上高からすべての変動費を引いたものになります。

058　×　**限界利益**は，売上高からすべての変動費を引いたものです。営業利益は限界利益から固定費を引くことで求めることができます。固定費には，製造や販売にかかった固定費をすべて含めます。直接原価計算を図解すると右のようになります。

売上高
▲すべての変動費
限界利益
▲製造や販売にかかった すべての固定費
営業利益

> **限界利益＝売上高－変動製造費－変動販管費**
> 　　　　＝5,000,000円－2,450,000円－150,000円
> 　　　　＝2,400,000円
> **営業利益＝限界利益－固定製造費用－固定販売費**
> 　　　　＝2,400,000円－300,000円－125,000円
> 　　　　＝1,975,000円

直接原価計算

売上高	5,000,000円
変動製造費用	2,450,000円
変動販管費	150,000円
限界利益	2,400,000円
固定製造費用	300,000円
固定販売費	125,000円
営業利益	1,975,000円

62

科目2 財務・会計　　分野1 アカウンティング

⑪ 経営分析①

1回
2回
3回

059 企業の収益獲得能力を分析するための手法に収益性分析がある。総資本経常利益率，売上高総利益率などの指標がある。

060 企業の支払能力や，財務面の安全性を分析するための手法に安全性分析がある。流動比率，当座比率などの指標がある。

061 企業の生産要素に対するアウトプットの効率を分析するための手法に生産性分析がある。労働生産性，固定長期適合率などの指標がある。

062 事業利益とは，「営業利益」「受取利息・配当金」「有価証券利息」を足し合わせた額である。

063 経営資本とは，「総資産」から「建設仮勘定」「投資その他の資産」「繰延資産」を引いた額である。

064 資本利益率を高めるためには，売上高利益率を高めるか，資本回転率を高める必要がある。

関連項目 『スタートアップ！中小企業診断士超速習テキスト』　P88-93

解答・解説

059 ○ **総資本利益率**，**売上高総利益率**ともに**収益性分析**になります。総資本経常利益率は，投下した総資本に対して，経営活動全般で得た利益である経常利益の割合を見るものです。売上高総利益率は売上高に対する総利益の割合を見るものです。

💡ポイント
収益性分析の代表的な指標
- 資本利益率＝利益÷資本
- 総資本事業利益率（ROA）＝事業利益÷総資本
- 自己資本利益率（ROE）＝当期純利益÷自己資本
- 売上高営業利益率＝営業利益÷売上高

060 ○ **流動比率**，**当座比率**ともに**安全性分析**になります。安全性分析には，短期安全性，長期安全性，資本構成の分析があります。**流動比率**，**当座比率**はともに**短期安全性**の分析になります。

💡ポイント
安全性分析の代表的な指標
【短期安全性】
- 流動比率＝流動資産÷流動負債
- 当座比率＝当座資産÷流動負債
【資本構成】
- 自己資本比率＝自己資本÷総資本

【長期安全性】
- 固定比率＝固定資産÷自己資本

061 × **労働生産性**は**生産性分析**になります。労働生産性とは従業員1人当たりの付加価値であり，生産性分析では最も重要な指標です。なお固定長期適合率は，**安全性分析**にあたるので，間違いです。

062 ○ **事業利益**は損益計算書に出てくる利益ではなく，計算して求める必要があります。
事業利益＝営業利益＋受取利息・配当金＋有価証券利息
事業利益では支払利息などの資金調達から生じた金融費用が含まれません。

063 ○ 経営資本は，資産のうち本業で使用されていないものを除いたものです。
経営資本＝総資産－建設仮勘定－投資その他の資産－繰延資産

064 ○ 資本利益率は下記の式のように**売上高利益率**と**資本回転率**に分解できます。
$$資本利益率＝\frac{利益}{資本}＝\frac{利益}{売上高}×\frac{売上高}{資本}＝売上高利益率×資本回転率$$
よって資本利益率を高めるためには，売上高利益率を高めるか，資本回転率を高める必要があります。

12 経営分析②

065 A社に関する次の資料に基づくと，A社の売上高営業利益率は13.5％
□□□ である。

（単位：百万円）

売上高	4,000	減価償却費	200
受取利息	50	旅費交通費	50
支払利息	10	固定資産売却益	10
給料	400	売上原価	2,800
広告宣伝費	50	法人税等	220

066 売上債権回転期間は数値が少ないほど良好である。
□□□

067 Y社の以下の財務資料に基づくと，固定長期適合率は54％である（な
□□□ お計算結果は小数点第1位を切り捨てること）。

貸借対照表

（単位：百万円）

資産の部		負債の部	
現 金 及 び 預 金	230	支 払 手 形	250
受 取 手 形	100	買 掛 金	210
売 掛 金	320	短 期 借 入 金	200
有 価 証 券	200	長 期 借 入 金	100
棚 卸 資 産	150	資 本 金	300
有 形 固 定 資 産	190	資 本 剰 余 金	150
無 形 固 定 資 産	110	利 益 剰 余 金	90
資 産 合 計	1,300	負債・純資産合計	1,300

068 （**067**の続き）自己資本比率は41％である。
□□□

069 （**067**の続き）負債比率は122％である。
□□□

関連項目　『スタートアップ！中小企業診断士超速習テキスト』　P88-93

解答・解説

065　×　資料より，「給料」「広告宣伝費」「減価償却費」「旅費交通費」は**販売費・一般管理費**になります。また「固定資産売却益」は**特別利益**になります。よって資料を元に，損益計算書を作成すると右表のようになります。

損益計算書
（単位：百万円）

売上高	4,000
売上原価	2,800
売上高総利益	1,200
販売費・一般管理費	700
営業利益	500
受取利息	50
支払利息	10
経常利益	540
特別利益	10
特別損失	－
税引前当期純利益	550
法人税等	220
当期純利益	330

売上高営業利益率は，次の公式で求められます（単位：百万円）。

> **売上高営業利益率＝営業利益÷売上高×100**
> ＝500÷4,000×100
> ＝12.5%

なお，13.5%は売上高経常利益率です。

> **売上高経常利益率＝経常利益÷売上高×100**
> ＝540÷4,000×100
> ＝13.5%

066　○　売上債権回転期間は，**売上債権を回収する期間**を表します。よって短い（数値が低い）ほど良好といえます。

067　×　固定長期適合率は，次の公式で求められます（単位：百万円）。

> **固定長期適合率＝固定資産÷（固定負債＋自己資本）×100**
> ＝（190+110）÷（100+300+150+90）×100
> ＝46.875%

068　○　自己資本比率は次の公式で求められます（単位：百万円）。

> **自己資本比率＝自己資本÷総資本×100**
> ＝（300+150+90）÷1,300×100
> ＝41.5384…(%)

069　×　負債比率は次の公式で求められます（単位：百万円）。

> **負債比率＝負債÷自己資本×100**
> ＝（250+210+200+100）÷（300+150+90）×100
> ＝140.7407…(%)

負債比率の計算は間違えやすい指標の1つです。公式を間違えやすいので，正確にインプットしておきましょう。

13 経営分析③

070 労働生産性分析では，投入したインプットに対するアウトプットの効
⬜⬜⬜ 率を分析する。インプットには「付加価値」を使用する。

071 「労働生産性」は「付加価値率」×「従業員1人当たり売上高」で算出
⬜⬜⬜ することができる。

072 変動費は営業量に比例して減少する費用であり，固定費は，営業量の
⬜⬜⬜ 増減に関係なく固定的に発生する費用である。

073 「勘定科目法」とは，固定費と変動費を分解する手法の1つであり，
⬜⬜⬜ 経理上の勘定科目別に固定費と変動費の分類を行う手法のことである。

074 損益分岐点とは，販売量がちょうど0になるときの利益のことを指す。
⬜⬜⬜

075 ①前事業年度の売上高は120,000万円である。
⬜⬜⬜ ②原価のうち変動費は72,000万円，固定費は30,000万円であった。
　　　このとき，前事業年度の損益分岐点売上高は75,000万円である。

関連項目 『スタートアップ！中小企業診断士超速習テキスト』 P88-93

解答・解説

070　×　**生産性分析**では，**投入したインプット**に対する**アウトプットの効率**を分析します。インプットには，人や，設備などが使用されます。アウトプットには，付加価値が使用されます。

071　○　労働生産性は**付加価値率**と**従業員1人当たり売上高**に分解されます。

$$労働生産性 = \frac{付加価値}{従業員数} = \frac{付加価値}{売上高} \times \frac{売上高}{従業員数}$$
$$= 付加価値率 \times 従業員1人当たり売上高$$

労働生産性を高めるためには，付加価値率を増加するか，1人当たりの売上高を増加する必要があります。

072　×　変動費は**営業量に比例**して増加する費用です。変動費には，**材料費，運送費，販売促進費**などがあります。固定費は，**営業量の増減に関係なく**固定的に発生する費用です。**支払家賃，火災保険料，支払利息**などがあります。

073　○　勘定科目法とは，経理上の勘定科目別に**固定費と変動費の分類を行う手法**です。例えば，仕入原価や運送費などを変動費とし，給料や家賃は固定費とするように，勘定科目で費用を分解する方法です。

074　×　**損益分岐点**とは，**利益がちょうど0になるときの販売量**のことを指します。下のような損益分岐点図表で分析を行います。

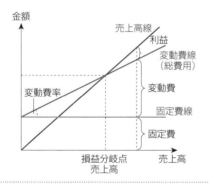

075　○　損益分岐点売上高は以下の公式により求めることができます。

$$損益分岐点売上高 = \frac{固定費}{1 - 変動比率}$$
$$= \frac{30,000万円}{1 - \dfrac{72,000万円}{120,000万円}}$$
$$= 75,000万円$$

14 投資評価①

076 次の資料は，投資プロジェクトAに関するものである。

【資　料】

1．本プロジェクトを実行することによって，2年後にキャッシュ・フローが得られる。

2．キャッシュ・フローが得られるのは，2年後だけである。

3．2年後に得られるキャッシュ・フローは，121万円である。

4．割引率は10%である。

この資料に基づいた場合，投資プロジェクトAの現在価値の値は，100万円である。

---

077 次の資料は，投資プロジェクトBに関するものである。

【資　料】

1．本プロジェクトを実行することによって，4年間にわたりキャッシュ・フローが得られる。

2．得られるキャッシュ・フローは，1年ごとである。

3．毎年得られるキャッシュ・フローは，300万円である。

4．割引率は10%である。

5．現価係数は，右上の表のとおりである。

割引率10%のときの現価係数		
年数	複利現価係数	年金現価係数
1年	0.91	0.91
2年	0.83	1.74
3年	0.75	2.49
4年	0.68	3.17
5年	0.62	3.79

この資料に基づいた場合，投資プロジェクトBの現在価値は，1,137万円である。

---

078 次の資料は，当期の営業利益等に関するものである。

【資　料】

1．当期の営業利益は，2,000万円である。

2．実効税率は40%である。

3．当期の減価償却費は，400万円である。

4．当期において，運転資本の増減はない。

5．当期の投資額は，1,000万円である。

この資料に基づいた当期のフリーキャッシュ・フローは，600万円となる。

解答・解説

076 ○ 将来の資金をC，割引率をr，年数をnとすると，**現在価値PVは，次のように計算されます。**

$$PV=C\times\frac{1}{(1+r)^n}$$

これに，C＝121万円，r＝0.1を代入すると，次のようになります。
PV＝121万円÷(1.1×1.1)
　　＝100万円

💡ポイント

現在価値は，将来の資金を現在の時点の価値に換算したものです。
現在の価値に換算することを現在価値に割引くといい，その利率のことを割引率と呼びます。

077 × 年金現価係数は，**毎年一定額の資金を得る場合の，n年間の資金を現在の時点の価値に換算する際に用いる数値**です。割引率をr，年数をnとすると，**複利現価係数**は，次のように表されます。

$$年金現価係数＝\frac{1}{1+r}+\frac{1}{(1+r)^2}+\frac{1}{(1+r)^3}+\cdots+\frac{1}{(1+r)^n}$$

第1年度から第4年度の各年のキャッシュ・フローは同額の300万円ですから，割引率10％・4年の年金現価係数である3.17を掛ければ現在価値に換算することができます。したがって，投資プロジェクトBの現在価値PVは，次のようになります。

PV＝300万円×3.17
　　＝951万円

078 ○ 営業利益が与えられているので，**営業利益を基にした計算を行うと，**フリーキャッシュ・フロー（FCF）は，次のようになります。

FCF＝営業利益×(1－実効税率)＋減価償却費－運転資本増加額－投資額
　　　＝2,000万円×(1－0.4)＋400万円－0万円－1,000万円
　　　＝600万円

関連項目 『スタートアップ！中小企業診断士超速習テキスト』 P98-103

15 投資評価②

1回 ☐
2回 ☐
3回 ☐

079 正味現在価値法は，貨幣の時間的価値を考慮する方法であり，正味現
☐☐☐ 在価値がプラスであり，かつ大きいほど，投資案の投資効率が良いと
判断される。

080 内部収益率法は，貨幣の時間的価値を考慮しない方法であり，割引率
☐☐☐ が高いほど，投資案の投資効率が良いと判断される。

081 回収期間法は，貨幣の時間的価値を考慮する方法であり，回収期間の
☐☐☐ 短い案ほど，投資案の安全性が高いと判断される。

082 会計的投資利益率法は，貨幣の時間的価値を考慮しない方法であり，
☐☐☐ 会計的投資利益率が低いほど，投資案の収益性が高いと判断される。

083 次の資料は投資プロジェクトCに関するものである。この資料に基づ
☐☐☐ いた場合，正味現在価値法により投資プロジェクトCの正味現在価値
を求める場合，このプロジェクトCは実行すべきではない。

【資　料】

1．現在，投資プロジェクトCを実行することによって，初期投資額が
5,500万円かかる。

2．現在，投資プロジェクトCを実行することによって，5年間にわた
りキャッシュ・インフローが得られることが予測されている。

3．5年間に得られるキャッシュ・フローは，次のとおりである。

年度	1年後	2年後	3年後	4年後	5年後
キャッシュ・インフロー （単位：万円）	1,000	1,000	1,000	1,000	3,000

4．割引率は10％である。

5．現価係数は，次のとおりである。

割引率10%のときの現価係数		
年数	複利現価係数	年金現価係数
1年	0.909	0.909
2年	0.826	1.735
3年	0.751	2.486
4年	0.683	3.169
5年	0.621	3.790

解答・解説

079 ○ 正味現在価値法（NPV法）とは，**投資によって将来得られるキャッシュ・フローを現在価値に割引き，そこから投資額を控除した正味現在価値を求めて投資案を評価する方法**のことをいいます。投資によって将来得られるキャッシュ・フローを現在価値に割引いているので，正味現在価値法は貨幣の時間的価値を考慮する方法です。正味現在価値がプラスであり，かつ大きいほど，投資案の投資効率が良いと判断されます。よって，記述は適切です。

080 × 内部収益率法（IRR法）とは，**投資額と投資によって将来得られるキャッシュ・フローの現在価値が一致する割引率を求めて投資案を評価する方法**のことをいいます。投資によって将来得られるキャッシュ・フローを現在価値に割引いているので，内部収益率法は**貨幣の時間的価値を考慮する方法**です。貨幣の時間的価値を考慮していない方法ではありません。なお，割引率が高いほど，投資案の投資効率が良いと判断されるという記述は適切です。

081 × 回収期間法とは，**投資額の回収にどれくらいの期間がかかるかを求めて投資案を評価する方法**のことをいいます。投資によって将来得られるキャッシュ・フローを現在価値に割引いていないので，回収期間法は**貨幣の時間的価値を考慮しない方法**です。貨幣の時間的価値を考慮する方法ではありません。なお，回収期間の短い案ほど，投資案の安全性が高いと判断されるという記述は適切です。

082 × 会計的投資利益率法とは，**投資額に対する会計的な利益の割合を求めて投資案を評価する方法**のことをいいます。投資によって将来得られるキャッシュ・フローを現在価値に割引いていないので，会計的投資利益率法は**貨幣の時間的価値を考慮しない方法**です。ここまでの記述は適切です。しかし，会計的投資利益率法では，**会計的投資利益率が高いほど，投資案の収益性が高い**と判断されます。会計的投資利益率が低いほど，投資案の収益性が高いのではありません。

083 ○ 正味現在価値法（NPV法）は，**投資によって将来得られるキャッシュ・フローを現在価値に割引き，そこから投資額を控除した正味現在価値を求めて投資案を評価する方法**です。1年後から4年後までと，5年後とに分けて正味現在価値NPVを計算すると，

> **NPV＝PV－I**
> ＝(1,000万円×3.169＋3,000万円×0.621)－5,500万円
> ＝－468万円

となり，正味現在価値がマイナスなので，本プロジェクトCは実行すべきではありません。

関連項目 『スタートアップ！中小企業診断士超速習テキスト』 P98-103

727272727272727272

72

16 投資評価③

次の資料は，現行設備（旧設備）を新設備に取り替えるかどうかに関するものである。

【資　料】

1. 新設備に取り替える時点は，年度の初めである。
2. 取替時に，キャッシュとして売却収入がある。
3. 減価償却費は，各年度末に計上される。
4. 実効税率は，40％である。
5. 現行設備（旧設備）と新設備の価額等については，次のとおりである。

	現行設備	新設備
取　得　原　価	100万円	120万円
残　存　価　額	0万円	0万円
耐　用　年　数	5年	3年
減　価　償　却　法	定額法	定額法
設備取得時までの経過年数	2年	－
取　替　時　売　却　価　額	40万円	－

084 この資料に基づいた場合，旧設備の売却損益は−20万円（売上損失）である。

085 旧設備売却損益計上に伴う法人税等の減少額は16万円である。

086 新設備に取り替える時点における投資額（税引き後差額キャッシュ・フロー）は−72万円である。

087 内部収益率法では，将来予測されるキャッシュ・フローの符号が2回以上変わったとしても，内部収益率は1つだけに定まるという長所を持っている。

088 内部収益率法は，投資の規模を考慮するという長所を持っている。

関連項目 『スタートアップ！中小企業診断士超速習テキスト』 P98-103

解答・解説

084　○　設問文では，取替投資について問われています。**取替投資**とは，工場の設備などを，旧型から新型に取り替える形の投資のことです。

取得原価100万円，残存価額0万円，耐用年数5年の定額法を採用していますので，旧設備の年間の減価償却費は，次のようになります。

旧設備の年間の減価償却費＝100万円÷5＝20万円

設備取替時までの経過年数は2年ですので，設備取替時における帳簿価額は，次のようになります。

旧設備の設備取替時における帳簿価額＝100万円－20万円×2＝60万円

旧設備売却損益は，次のようになります。

旧設備売却損益＝40万円－60万円＝－20万円（売却損失20万円）

085　×　黒字企業（課税所得がプラスの企業）において売却損が生じた場合には，その分，課税所得は減少し，法人税の支払額も減少します。つまり，新設備投資によって，**節税効果**が発生し，法人税支払額というキャッシュ・アウトフローが現行に比べて**減少**することになります。この節税効果のことを，**タックスシールド**（Tax Shield）と呼びます。

実効税率は40％ですので，旧設備売却損益計上に伴う法人税等の減少額（タックスシールド）は，次のようになります。

旧設備売却損益計上に伴う法人税等の減少額＝20万円×0.4＝8万円

086　○　取替投資において，投資を実行したときのキャッシュ・フロー（予測）と現行のキャッシュ・フローの差額を，**差額キャッシュ・フロー**といいます。

新設備に取り替えるときの投資額（税引き後差額キャッシュ・フロー）は，タックスシールドの影響を考慮に入れる必要があります。

（新設備の取得によるキャッシュ・アウトフロー）＋
（旧設備の売却によるキャッシュ・インフロー）＋
（旧設備売却損益計上に伴う法人税等の減少額（タックスシールド））
＝－120万円＋40万円＋8万円＝－72万円

087　×　内部収益率法では，将来予測されるキャッシュ・フローの符号が2回以上変わるときには，**複数の内部収益率が算出される**ことになります。内部収益率は1つだけに定まるわけではありません。

088　×　内部収益率法には，**投資の規模を考慮しない**という問題点があります。投資の規模を考慮するものではありません。

73

科目2 財務・会計

分野2 ファイナンス

74

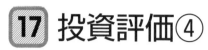

17 投資評価④

1回 □／
2回 □／
3回 □／

089 相互排他的投資案を評価する際には，内部収益率法では，収益率は高
□□□ いが正味現在価値の低い投資案を採択する可能性がある。

090 次の資料は投資プロジェクトDに関するものである。内部収益率法に
□□□ よると，投資プロジェクトDは実行すべきと判断される。

【資　料】

1．現在，投資プロジェクトDを実行することによって，初期投資額が
100万円かかる。

2．投資プロジェクトDを実行することによって，1年後にだけキャッ
シュ・インフローが得られることが予測されている。

3．1年後に得られることが予測されているキャッシュ・インフローは，
110万円である。

4．資本コストは8％である。

5．税金はないものとする。

関連項目　『スタートアップ！中小企業診断士超速習テキスト』　P98-103

解答・解説

089 ○ 相互排他的投資案を評価する際には，内部収益率法は投資の規模を考慮しないた
め，**収益率は高いが正味現在価値の低い投資案を採択する可能性**があります（相
互排他的というのは，同時に選択することができないというものです）。

090 ○ **内部収益率法**（IRR法：Internal Rate of Return Method，**内部利益率法**）は，
投資額と投資によって**将来得られるキャッシュ・フローの現在価値が一致する割
引率を求めて投資案を評価する方法**です。
現在価値をPV，投資額をIとすると，正味現在価値NPVは，次のように計算さ
れます。

$$NPV = PV - I$$

1年後のキャッシュ・インフローをC，割引率をrとすると，現在価値PVは，

$$PV = C \times \frac{1}{1+r}$$

と表されますので，

$$NPV = C \times \frac{1}{1+r} - I$$

です。内部収益率は，投資案の正味現在価値をゼロとする割引率ですので，
「NPV＝0，C＝110，I＝100」を代入すると，内部収益率rは，次のようにな
ります。

$$0 = 110 \times \frac{1}{1+r} - 100$$
$$100 \times (1+r) = 110$$
$$100 + 100r = 110$$
$$100r = 10$$
$$\therefore \quad r = 0.1 = 10\%$$

最後に，目標とする収益率（資本コスト）と内部収益率を比較することで投資を
判断します。内部収益率法では，**資本の調達コストである資本コストと内部収益
率を比較**し，**内部収益率が資本コストを上回れば投資を行う**ことになります。
資本コストは8％ですので，内部収益率10％は資本コスト8％を上回っていま
す。したがって，内部収益率法によると，投資プロジェクトDは実行すべきと判
断されます。

🔅ポイント

内部収益率は，正味現在価値がちょうど0になる割引率です。正味現在価
値が0というのは，投資を行うための最低限の条件です。この時の割引率，
つまり内部収益率と資本の調達コストである資本コストを比較し，内部収
益率のほうが大きければ投資を行います。

科目2
財務・会計

分野2
ファイナンス

18 投資評価⑤

091
□□□
回収期間法は，投資によって将来得られるキャッシュ・フローを現在価値に割引いて評価しており，貨幣の時間的価値を考慮している。

092
□□□
回収期間法により目標となる回収期間が計算されるため，回収期間法は客観的な投資案の評価方法といえる。

093
□□□
回収期間法は，投資を回収した後のキャッシュ・フローを考慮している。

094
□□□
回収期間法は，計算が簡単なので，実務的には多くの中小企業が採用している。

095
□□□
次の資料は，投資プロジェクトEに関するものである。回収期間法によると，投資プロジェクトEは実行すべきであると判断される。

【資　料】

1．現在，投資プロジェクトEを実行することによって，初期投資額が2,000万円かかる。

2．現在，投資プロジェクトEを実行することによって，4年間にわたりキャッシュ・インフローが得られることが予測されている。

3．4年間に得られるキャッシュ・フローは，次のとおりである。

年度	1年後	2年後	3年後	4年後
キャッシュ・インフロー （単位：万円）	400	600	800	1,000

4．目標回収期間は3年間である。

関連項目 『スタートアップ！中小企業診断士超速習テキスト』 P98-103

解答・解説

---

091 × **回収期間法**は，投資によって将来得られるキャッシュ・フローを現在価値に割引いて評価していないので，**貨幣の時間的価値を考慮していません。**

---

092 × **回収期間法**では，目標となる回収期間を計算することはできません。目標となる回収期間は，回収期間法により計算されるものではなく，企業が定めるものです。そのため，**目標となる回収期間をどのように定めるかが不明確**です。この回収期間法には，目標となる回収期間の設定に**客観性がない**という問題点があります。

---

093 × **回収期間法**は，投資が回収されるまでの期間だけを検討していますので，**投資を回収した後のキャッシュ・フローを考慮していません。投資を回収した後のキャッシュ・フローを無視しています。**

---

094 ○ **回収期間法**は貨幣の時間的価値を無視していますが，安全性を重視することは**資金繰りの観点からも重要**であり，**計算も簡単**なので，実務では多くの中小企業が採用しています。計算が簡単であるからといって，理論的に採用されるべき方法ということにはなりませんが，将来に得られるキャッシュ・インフローの予測が難しく，その計算に時間とコストをかけるだけの余裕がない中小企業では，**多くの企業が採用しているのが実情**です。

---

095 × まず，キャッシュ・インフローの累計額を計算します。累計額は2年後に1,000万円，3年後に1,800万円です。よって，4年後には投資額の2,000万円を回収できることがわかります。このときの回収期間は，3年より大きく4年より小さいことになります。

回収期間に端数がある場合は，3年後の時点で回収できていない残りの金額200万円と，4年後のキャッシュ・フローの1,000万円の比率を取って端数を計算します。回収期間を求める計算式は，次のようになります。

$$回収期間 = 3年 + \frac{200万円}{1,000万円} = 3.2年$$

このように，回収期間は3.2年であることが求められます。

最後に，目標とする回収期間と比較することで投資を判断します。目標回収期間が3年間であるのに対して，回収期間は3.2年であり，目標回収期間を超えています。したがって，回収期間法によると，投資プロジェクトEは実行すべきでないと判断されます。

19 投資評価⑥

1回 [　]
2回 [　]
3回 [　]

096 会計的利益率法は，投資によって将来得られる利益を現在価値に割引
□□□ いて評価しており，貨幣の時間的価値を考慮している。

097 会計的利益率法により目標となる会計的利益率が計算されるため，会
□□□ 計的利益率法は客観的な投資案の評価方法といえる。

098 会計的利益率法は，投資によって将来得られるキャッシュ・インフ
□□□ ローを考慮していない。

099 会計的利益率法は，計算が非常に複雑である。
□□□

関連項目 『スタートアップ！中小企業診断士超速習テキスト』　P98-103

解答・解説

096 × **会計的利益率法**は、利益を用いて計算していますが、現在価値に割引いて評価していないので、**貨幣の時間的価値を考慮していません**。貨幣の時間的価値を無視しています。

097 × **会計的利益率法**では、目標となる会計的利益率を計算することはできません。目標となる会計的利益率は、会計的利益率法により計算されるものではなく、企業が定めるものです。そのため、**目標となる会計的利益率をどのように定めるかが不明確**です。この会計的利益率法には、目標となる会計的利益率の設定に**客観性**がないという問題点があります。

098 ○ **会計的利益率法**は、会計上の利益を用いて計算しており、**投資によって将来得られるキャッシュ・インフローを考慮していません**。会計的利益率法では、投資を会計上の費用ではなく、キャッシュ・アウトフローで測定しているにもかかわらず、投資の回収はキャッシュ・インフローではなく会計上の利益で測定しており、対応していないという問題点があります。

099 × **会計的利益率法**は投資から得られるキャッシュ・フローではなく、利益を用いて計算するので、**計算が容易**です。将来、投資から得られるキャッシュ・フローを予測するのは難しいものですが、会計的利益率法は利益だけで計算でき、将来得られるキャッシュ・フローを割引く利子率も考慮しないでいいからです。計算が非常に複雑であるというわけではありません。利益については、企業が財務諸表の損益計算書としてまとめていくものなので、**なじみやすい**という特徴もあります。

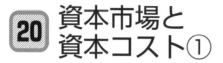

科目2　財務・会計　　　分野2　ファイナンス

20 資本市場と資本コスト①

1回 ／
2回 ／
3回 ／

100 企業にとっての資金調達は，投資家にとっての投資となる。よって，
□□□ 企業の資金調達のコストである資本コストは，投資家にとっては投資
に対するリスクとなる。

101 リスクの少ない社債と，リスクの大きい株式の期待するリターンが同
□□□ じであれば，投資家はリスクの少ない社債を選ぶ。

102 次の資料は，ある株式の投資収益率について予想される分布を示した
□□□ ものである。

投資収益率	確率
22%	0.3
7%	0.4
2%	0.3

リターンである収益率の期待値は10%である。

103 (102の続き) リスクである分散と標準偏差は，それぞれ80，8.12であ
□□□ る。

関連項目 『スタートアップ！中小企業診断士超速習テキスト』 P104-107

解答・解説

100 ×　企業にとっての資金調達は，投資家にとっての投資となります。そのため，企業の資金調達のコストである**資本コスト**は，投資家にとっては**投資に対するリターン**となります。

101 ○　社債は，**株式に比べて，リスクが小さい**ものとなります。社債は利回りが投資する時点で確定されています。実際に，社債に明記されています。これに対し，株式は株式市場で株価が決まるため，利回りは確定していません。よって，社債の方が，株式よりもリスクが少なくなります。社債や借入金などの負債は，基本的に会社が倒産しない限りは，確実に金利分を上乗せした額がリターンとして期待できます。これに対して，株式の配当は，負債の金利の支払いと税金の支払いが終わった後の税引後利益に基づいて行われます。そのため，企業の業績が悪くなれば配当も少なくなる可能性があります。また，株式の売却益についても，株価の変動は大きいためリスクが高いといえます。

投資家はリスクが大きい投資に対しては，大きなリターンを望むという点について，しっかり把握しておきましょう。

102 ○　投資のリターンとは，投資により得られる**期待収益率**のことで，投資がもたらす期待値によって評価されます。期待値は以下の式で求められます。

期待値＝Σ（値×確率）

したがって，本株式の収益率の期待値は，

期待値＝22%×0.3＋7%×0.4＋2%×0.3
　　　＝6.6%＋2.8%＋0.6%
　　　＝10.0%

となります。

103 ×　投資のリスクとは，投資により得られる**リターンの不確実性**のことで，投資がもたらすリターンのばらつきの度合いを示す。**分散**や**標準偏差**によって評価されます。分散や標準偏差は以下の式で求められます。

分散＝Σ（偏差2×確率）
標準偏差＝√分散

※偏差＝値−期待値

したがって，本株式の分散，標準偏差の値は以下のようになります。

分散＝$(22\%-10\%)^2×0.3+(7\%-10\%)^2×0.4+(2\%-10\%)^2×0.3$
　　＝144×0.3＋9×0.4＋64×0.3
　　＝43.2＋3.6＋19.2
　　＝66
標準偏差＝$\sqrt{66}$
　　　　＝8.12

21 資本市場と資本コスト②

104 下の図は，2つの株式XとYについて，ポートフォリオの組み入れ比
□□□ 率を変化させて，縦軸に期待収益率，横軸に標準偏差をとったポート
フォリオのリターンとリスクを示したものである。

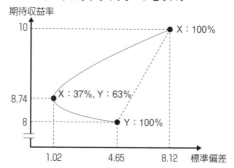

ポートフォリオのリターンとリスク

株式Xにだけ単独に投資するというのは，ローリスク・ローリターン
の投資家行動といえる。

105 （104の続き）リスクが最も小さくなるのは，組み入れ比率が株式
□□□ X37%・株式Y63%であるときである。

106 下の図は，相関係数が−1，0，1の場合における，2つの株式Xと
□□□ Yについて，ポートフォリオの組み入れ比率を変化させて，縦軸に期
待収益率，横軸に標準偏差をとったポートフォリオのリターンとリス
クを示したものである。

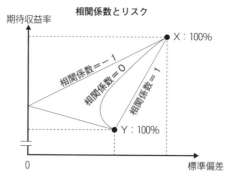

相関係数とリスク

相関係数が0のとき，ポートフォリオのリスクを低減することができない。

解答・解説

104　×　株式Xにだけ単独に投資すると，リターンを表す期待収益率は10で最も高くなりますが，リスクを表す標準偏差も8.12で最も大きくなり，リスクが最も高くなります。これは，**ハイリスク・ハイリターンの投資家行動**といいます。ローリスク・ローリターンの投資家行動ではありません。

105　○　リスクを表す標準偏差が最も小さくなるのは，組み入れ比率が株式X37%・株式Y63%であるときです。これにより，個別の証券に集中して投資するリスクよりも，資産が分散化されたポートフォリオのほうがリスクは小さくなるという**ポートフォリオのリスク低減効果が働いている**ことが示されます。よって，記述は適切です。

106　×　相関係数が−1と1以外の場合のすべてのポートフォリオは，図の三角形の中に存在することになります。相関係数が0のとき，図のような曲線となります。もし相関係数が0よりも小さければ，曲線は左側の相関係数 ＝ −1の折れ線に近づいていきます。相関係数が0よりも大きければ，曲線は右側の相関係数 ＝ 1の直線に近づいていきます。**相関係数が0のとき，ポートフォリオのリスクを低減することができます。**ポートフォリオのリスクの低減をすることができないというわけではありません。

関連項目　『スタートアップ！中小企業診断士超速習テキスト』　P104-107

科目2　財務・会計

分野2　ファイナンス

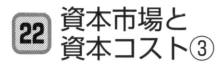

科目2 財務・会計 | 分野2 ファイナンス

22 資本市場と 資本コスト③

1回 [　／　]
2回 [　／　]
3回 [　／　]

107 次の図は，資本市場にたくさん存在する株式を自由に組み合わせた
□□□ ポートフォリオを作成し，リターンとリスクの分布を示したものである。

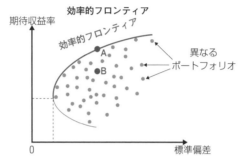

ポートフォリオAとポートフォリオBを比較してみると，合理的な投資家は必ず効率的フロンティアの上にあるAを選ぶ。

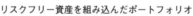

108 次の図は，株式Xと国債をポートフォリオに組み込んだ場合における
□□□ リターンとリスクの分布を示したものである。

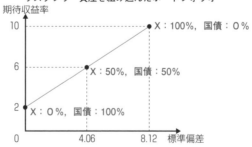

国債は，リスクフリー資産である。

109 次の資料は，G証券に関するものである。
□□□ 【資　料】

リスクフリーレート	2%
β値	1.2
市場ポートフォリオの期待収益率	8%

この資料に基づいた場合，CAPMによりG証券の期待収益率を計算する数式は，2％-1.2×（8％-2％）である。

85

解答・解説

107 ○ 適切な記述です。効率的フロンティアの上にあるポートフォリオAと，標準偏差はAと同じですが，期待収益率がAよりも低いポートフォリオBを比較してみると，このBに比べ，Aは同じリスクでより高いリターンを得ることができます。よって，合理的な投資家はAを選択します。このように，**合理的な投資家は必ず効率的フロンティアの上にある点を選ぶ**ことがわかります。

108 ○ 国債は，**リスクフリー資産**です。国債だけを単独で購入した場合は，図の縦軸切片で表されます。このとき，標準偏差は0となっています。標準偏差はリスクを表すものですので，国債はリスクがゼロであることがわかります。よって，記述は適切です。

109 × 本問では，CAPMについて問われています。
資本資産評価モデル（CAPM：Capital Asset Pricing Model） とは，投資資本（証券）の期待収益率は，リスクフリーレートとリスクプレミアムを加えたものになるというモデルのことをいいます。

> **個別株式の期待収益率＝リスクフリーレート＋β×市場リスクプレミアム**
> ※市場リスクプレミアム＝市場ポートフォリオの期待収益率－リスクフリーレート
> ※β：市場ポートフォリオと比べたときの，個別株式のリスクの大きさ

CAPMの計算は，頻出問題です。しっかりと計算することができるように練習しておきましょう。

G証券の期待収益率は，CAPMにより，次のように計算されます。

> **G証券の期待収益率**
> **＝リスクフリーレート＋β値×（市場ポートフォリオの期待収益率－リスクフリーレート）**
> ＝2%＋1.2×（8%－2%）
> ＝2%＋7.2%
> ＝9.2%

したがって，CAPMによりG証券の期待収益率を計算する数式は，「2%＋1.2×（8%－2%）」となります。

関連項目 『スタートアップ！中小企業診断士超速習テキスト』 P104-107

科目2 財務・会計

分野2 ファイナンス

23 資本市場と資本コスト④

1回 ／
2回 ／
3回 ／

110 次の資料は，H社の資金調達に関するものである。

【資　料】

1．H社は現在，普通株式と社債によって資金調達を行っている。

2．資金調達の状況は，次のとおりである。

	社　債	普通株式
帳簿価額	400万円	400万円
時　価	400万円	600万円

3．投資家が要求している収益率は，次のとおりである。

社　債	普通株式
3％	13％

4．実効税率は40％とする。

5．普通株式の収益率はCAPMにより算出されたものである。

この資料に基づいた場合，H社の加重平均資本コストを計算する数式は，

$0.5 \times (1 - 0.4) \times 3\% + 0.5 \times 13\%$

となる。

111 内部留保と減価償却費は，内部金融に該当する。

112 直接金融とは，金融仲介機関から直接的に資金を融通することである。

113 間接金融とは，金融仲介機関を経由せずに，間接的に資金を融通することである。

関連項目 『スタートアップ！中小企業診断士超速習テキスト』 P104-107

解答・解説

110 × 加重平均資本コスト（WACC：Weighted Average Cost of Capital）とは，負債から生じるコストと資本から生じるコストを加重平均して求めます。

$$\text{WACC} = \frac{負債}{負債+資本} \times (1-実効税率) \times 負債利子率 + \frac{資本}{負債+資本} \times 資本コスト$$

加重平均資本コストの計算は頻出なのでしっかりと計算することができるように練習しておきましょう。負債と資本の額については，貸借対照表の簿価ではなく，時価を使います。負債と資本の構成比率は，次のとおりです。

$$負債の構成比率 = \frac{負債}{負債+資本} = \frac{400万円}{400万円+600万円} = 0.4$$

$$資本の構成比率 = \frac{資本}{負債+資本} = \frac{600万円}{400万円+600万円} = 0.6$$

H社の加重平均資本コストWACCは，次のように計算されます。

WACC＝負債の構成比率×（1－実効税率）×負債利子率＋資本の構成比率×資本コスト
＝0.4×（1－0.6）×3％＋0.6×13％

111 ○ 内部金融とは，自己金融ともいわれ，**企業の内部で資金の調達を行う**ことです。留保利益と減価償却費が内部金融に該当します。よって，記述は適切です。

112 × **直接金融**とは，金融仲介機関を経由せず，借り手が金融市場から直接資金を調達することです。金融仲介機関から直接的に資金を融通することではありません。**証券金融**（社債発行，株式発行）が直接金融に該当します。

113 × **間接金融**とは，金融市場を経由せずに，貸し手と借り手の間を金融仲介機関（**銀行，信用金庫，保険会社**など）が仲介し，金融仲介機関を経由して，間接的に資金を融通することをいいます。金融仲介機関を経由せずに，間接的に資金を融通することではありません。金融市場を経由するものが直接金融，金融市場を経由しないものが間接金融です。混同しないようにしましょう。

💡ポイント

資金調達について，まとめると，次のようになります。

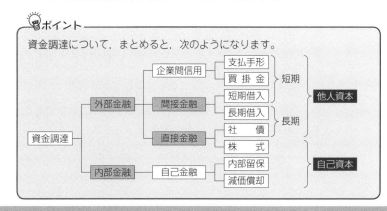

（右側縦書き）財務・会計　科目2

ファイナンス　分野2

24 現代のファイナンス①

1回 ▢ ／
2回 ▢ ／
3回 ▢ ／

114 次の資料の会社の企業価値は，1億円である。
▢▢▢ 【資　料】
 1．I社が毎年得られるフリーキャッシュ・フローは，1,000万円と予測されている。
 2．資本コストは，10%である。
 3．企業価値は，DCF法により計算する。

115 次の資料の会社の企業価値は，1億円である。
▢▢▢ 【資　料】
 1．J社が1年後に得られるフリーキャッシュ・フローは，1,000万円と予測されている。
 2．J社がその後1年ごとに得られるフリーキャッシュ・フローの成長率は5%と予測されている。
 3．資本コストは，10%である。
 4．企業価値は，DCF法により計算する。

116 次の資料の会社の企業価値は，1億円である。
▢▢▢ 【資　料】
 1．K社は，永続的に毎年一定の税引後利益を得るものと予測されている。
 2．K社が永続的に毎年得る予想税引後利益は，1,000万円である。
 3．資本還元率は，10%である。
 4．企業価値は，収益還元法により計算する。

117 次の資料の会社の企業価値は，1億円である。
▢▢▢ 【資　料】
 1．L社は，永続的に毎年一定の配当を行うものと予測されている。
 2．L社が永続的に毎年行う配当額は，1,000万円である。
 3．資本還元率は，10%である。
 4．株主価値は，配当還元法により計算する。
 5．企業価値は，株主価値と負債価値を合計したものである。
 6．L社の負債価値は，1億円である。

関連項目 『スタートアップ！中小企業診断士超速習テキスト』 P108-111

解答・解説

114　○　**DCF法**（Discount Cash Flow Method）では，企業が将来生み出すキャッシュ・フローを，現在価値に割引いて，企業価値を計算する。**ゼロ成長モデル**（将来のフリーキャッシュ・フローが毎年同じ場合のモデル）での企業価値の求め方は以下のとおりです。

$$企業価値 = \frac{FCF}{r} \quad \left(\begin{array}{l} FCF：将来のフリーキャッシュ・フロー \\ r：資本コスト \end{array} \right)$$
$$= \frac{1,000万円}{0.1} = 1億円$$

115　×　**定率成長モデル**（将来のフリーキャッシュ・フローが一定率で成長する場合のモデル）での企業価値の求め方は以下のとおりです。

$$企業価値 = \frac{FCF}{r-g} (r>g) \quad \left(\begin{array}{l} FCF：第1期のフリーキャッシュ・フロー \\ r：資本コスト \\ g：フリーキャッシュ・フローの成長率) \end{array} \right.$$
$$= \frac{1,000万円}{0.1-0.05} = 2億円$$

116　○　**収益還元法**は，DCF法の簡易版のような方法です。DCF法では，フリーキャッシュ・フローを使いましたが，収益還元法では会計上の利益を使います。

$$企業価値 = \frac{予想税引後利益}{資本還元率}$$
$$= \frac{1,000万円}{0.1} = 1億円$$

117　×　DCF法や収益還元法は，企業が将来生み出すキャッシュ・フローや利益を基に企業価値を計算しましたが，**配当還元法**は，企業が生み出す配当に注目する方法です。

$$株主価値 = \frac{配当額}{資本還元率}$$
$$企業価値 = 株主価値 + 負債価値$$
$$株主価値 = \frac{配当額}{資本還元率} = \frac{1,000万円}{0.1} = 1億円$$
$$企業価値 = 株主価値 + 負債価値 = 1億円 + 1億円 = 2億円$$

25 現代のファイナンス②

1回
2回
3回

118 MM理論に関して，法人税が存在しない完全資本市場では，企業価値
□□□ はその資本構成に依存しない。

119 次の資料は，O社に関するものである。
□□□ 【資　料】

　　1．1年後の配当総額は，100万円である。

　　2．O社の配当総額は，毎期5％だけ成長する。

　　3．株主価値は，配当還元法により計算する。

　　4．資本還元率は，10％である。

　　5．発行済株式数は，1,000株である。

この資料に基づいた場合，O社の理論株価は，1万円である。

120 株価収益率は，株価を1株当たり当期純利益で割って計算される。
□□□

121 次の資料は，P社に関するものである。
□□□ 【資　料】

売　　　　上　　　　高	2億円
税引後当期利益	1,000万円
当期支払配当総額	100万円
純　資　産　額	1億円
発行済株式数	10万株
株　　　　　　　　価	1,500円

この資料に基づいた場合，P社の株価純資産倍率は，約0.75倍である。

関連項目 『スタートアップ！中小企業診断士超速習テキスト』 P108-111

解答・解説

118 ○ 負債を利用することによる資本構成の変化が，加重平均資本コストや企業価値に
どのような影響を与えるかについて，法人税がない完全資本市場を仮定して最適
資本構成を研究したモデルのことを，**MM理論**といいます。

〈結　論〉**法人税が存在しない完全資本市場では，企業価値はその資本構成に依
存しない。また最適資本構成は存在せず，加重平均資本コスト
（WACC）は一定である。**

完全資本市場においては，企業の価値は，借入（負債）で資金調達するか株式
（自己資本）で資金調達するかといった資本の調達方法によらず，企業が将来生
み出すキャッシュ（資産）によって決まります。

法人税が存在する現実においては，企業価値は資本構成に依存することになり，
最適資本構成が存在し，加重平均コストの最小値が存在することに注意しましょう。

119 × 理論株価は，次の式で計算されます。

理論株価＝株主価値÷発行済株式数

O社の株主価値は，配当還元法により，次のように計算されます。

$$株主価値＝\frac{配当額}{資本還元率－成長率}＝\frac{100万円}{0.1－0.05}＝2,000万円$$

理論株価＝株主価値÷発行済株式数＝2,000万円÷1,000株＝2万円

120 ○ 株価収益率（PER：Price Earning Ratio）は，株価が1株当たり当期純利益
の何倍になっているかを表します。

PER＝株価÷1株当たり当期純利益

121 × 設問文では，株価純資産倍率について問われています。**株価純資産倍率（PBR：
Price Book-value Ratio）は，1株当たり純資産額の何倍で株式が売買されて
いるかを表します。**

PBR＝株価÷1株当たり純資産額

まず，1株当たり純資産額（BPS：Book-value Per Share）を求めます。

BPS＝純資産額÷発行済株式数
　＝1億円÷10万株
　＝1,000円／株

次に株価純資産倍率PBRを求めると，次のようになります。

PBR＝1,500円／株÷1,000円／株
　＝1.5倍

よって，1.5倍が正解です。PBRは1を基準として，1よりも高いほど割高と判
断できる点に注意しましょう。

26 現代のファイナンス③

1回 ／
2回 ／
3回 ／

122 配当性向とは利益のうち配当する割合のことである。
□□□

123 現在1ドル105円の為替相場（直物）である。1カ月後に決済日が来
□□□ る1万ドルの債権を有する企業が，1ドル104円で1万ドルのドル売
り為替予約（1カ月後の受け渡し）を行うとすると，1カ月後の為替
相場にかかわらず，円手取金を確定できる。このとき，1カ月後の為
替相場（直物）が108円になると，為替予約をしなかった場合に比べ
て円手取収入は4万円多くなる。

124 オプション取引とは，決められた期間内にあらかじめ決められた価格
□□□ で売買する権利を取引するものである。

125 次の資料は，S社に関するものである。
□□□ 【資　料】

1．S社は将来時点において，Y銀行に1ユーロ100円の為替相場で1ユー
ロを売るという権利を，1ユーロ当たりオプション料2円で購入した。

2．このオプション取引の損益図は，次のように表される。

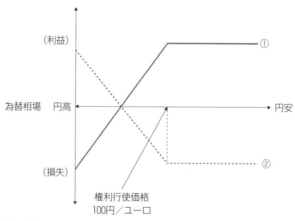

この資料に基づいた場合，この損益図で描かれる点線②は，S社の損
益を表している。

解答・解説

122 ○ 配当性向は，剰余金の分配・処分のうち**配当に回された比率**を見ることができます。

配当性向＝配当総額÷当期純利益

で求めることができます。

123 × 為替予約は，**為替レートの変動リスクを回避**するためのものです。為替予約では，将来の為替レートをあらかじめ決定しておくことでリスクを回避できます。為替予約をした場合，円安になったとしても為替差益を受け取ることはできません。かならず1ドル104円で取引する必要があるためです。
よって1ドル108円になった場合でも，収入は108万円ではなく，104万円です。つまり，為替予約をしなかった場合に比べて，**収入は4万円少なくなります**。

124 ○ オプションとは，**決められた期間内にあらかじめ決められた価格で取引する権利**のことです。プット・オプションは**売る**権利のこと，コール・オプションは**買う**権利のことです。オプション取引では権利の行使期間が決められています。**満期日のみ権利を行使できるタイプのオプションを，ヨーロピアンタイプといい，満期日以前**であればいつでも権利を行使できるタイプのオプションを，**アメリカンタイプ**といいます。

125 ○ 売る権利である**プット・オプション**について問われています。将来時点において，権利行使価格1ユーロ100円より**円安・ユーロ高**になると，プット・オプションの買い手であるS社はオプションを放棄することによって，円安・ユーロ高による損失を1ユーロ当たりオプション料2円だけに確定させることができます。将来時点において，円安・ユーロ高がさらに進んだとしても，S社はオプションを放棄するので損失はオプション料の2円だけに確定させることができます。
逆に，将来時点において，権利行使価格1ユーロ100円より**円高・ユーロ安**になると，S社はオプションを行使することによって，利益を増やすことができます。例えば，将来時点において1ユーロ90円の為替相場になると，S社は1ユーロを90円で買い，その1ユーロについてオプションを行使することによって権利行使価格1ユーロ100円で売ります。結果，受取額は100円となり，オプション料2円を差し引いて，8円の手取額となります。将来時点において，円高・ユーロ安がさらに進むと，S社はさらに多くの利益を得ることができます。損益図で表される点線②はS社の損益を表します。よって，記述は適切です。オプション料は1ユーロ当たり2円ですので，1ユーロ98円より円高・ユーロ安になると，S社はプラスの利益を得ることができます。

関連項目 『スタートアップ！中小企業診断士超速習テキスト』 P108-111

科目3

運営管理

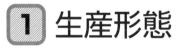

❶ 生産形態

1回
2回
3回

001 生産形態や設備レイアウトは「個別生産－多種少量生産－機能別レイアウト」で組み合わせるとよい。

002 生産形態や設備レイアウトは「ロット生産－見込生産－グループ別レイアウト」で組み合わせるとよい。

003 生産形態や設備レイアウトは「ロット生産－中種中量生産－グループ別レイアウト」で組み合わせるとよい。

004 生産形態や設備レイアウトは「連続生産－受注生産－製品別レイアウト」で組み合わせるとよい。

005 生産形態や設備レイアウトは「連続生産－少種多量生産－製品別レイアウト」で組み合わせるとよい。

006 ドラッグストアで販売される市販薬は，見込生産方式を用いるものが多い。

007 見込生産では，店頭に商品在庫がなくても，顧客は注文すれば短期間で入手できる可能性が高い。

008 見込生産では，納期を守るため，注文に応じた材料や人員の割り当てが重要である。

009 見込生産では，需要予測に対して販売数が少ないと，過剰在庫を抱えるリスクがある。

関連項目 『スタートアップ！中小企業診断士超速習テキスト』 P120-121

解答・解説

001 ○　002 ○　003 ○　004 ×　005 ○

一般的な生産形態と設備レイアウトなどの関連をまとめると，次のようになります。

生産形態の特徴

項目	個別生産	ロット生産	連続生産
生産量	少ない	中	多い
品種	注文の数だけある	複数	基本的に単一
主な生産形態	受注生産	受注生産／見込生産	見込生産
品種・量による生産形態	多種少量生産	中種中量生産	少種多量生産
設備レイアウト	機能別レイアウト	グループ別レイアウト	製品別レイアウト

科目3 運営管理
分野1 生産管理

個別生産は，**個別のオーダーに応じて生産する形態**です。このため，受注生産との関連が強く，生産量は少なくなります。また，多品種に柔軟に対応できるように，**機能別レイアウト**が多く採用されます。

ロット生産は，**一定の生産量の単位でまとめて生産する形態**です。品種と生産量による分類では中種中量生産と最も強い関係があります。生産する品種の切換え時のロスをできるだけ抑制するために，同じような加工経路をグループ別にまとめた，**グループ別レイアウト**が多く採用されます。

連続生産は，**同じ製品を続けて生産する形態**です。この場合は，需要予測に基づいた**見込生産**で生産されます。大量の製品を効率よく生産するため，製品ごとの加工の流れを重視した専用ラインを設ける，**製品別レイアウト**が多く採用されます。

006 ○　**不特定多数の消費者や企業に対し幅広く販売する製品**は，見込生産を行うのが一般的です。例えば，書籍・日用雑貨・家電・携帯電話など，日頃店頭で目にしているものの多くが該当します。

007 ○　見込生産では需要予測に基づきあらかじめ製品を作っておき，在庫を販売します。このため店頭に製品がない場合でも，メーカーもしくは卸業者や代理店などで**在庫を持っている可能性が高い**です。

008 ×　納期の遵守や短縮が重要になるのは，**受注生産方式**です。受注生産方式では，在庫を持たずに個人や特定の企業の注文に応じて生産を行います。このため，材料調達や人員・設備の割り当てが納期に影響を与えます。

009 ○　見込生産では予測した需要量に基づき生産数を決定します。このため需要予測に対し，実際の需要（販売数）が少ない場合は**過剰在庫**が発生します。

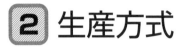

科目3　運営管理　　　分野1　生産管理

❷ 生産方式

1回 □□／
2回 □□／
3回 □□／

010 ライン生産のメリットとして，多能工化が促進され，作業者のモチ
□□□ ベーションが上がることが挙げられる。

011 ライン生産方式において，モデルチェンジによって製品1個当たりの
□□□ 作業時間の総和が増えた。サイクルタイムを変えたくない場合，作業
工程の数を増やすしかない。

012 混合ライン方式では，生産する品種を切り替える度に段取りが発生す
□□□ る。

013 ライン生産では，作業者が複数の作業工程に対応できるようにしてお
□□□ くことが望ましい。

014 ライン生産方式からセル生産方式に変更するため，類似の加工物をグ
□□□ ループ化し，機械の配置を見直した。

015 セル生産方式は，ライン方式と比べ作業者の育成に時間がかかる。
□□□

016 ラインバランシングを向上するため，ライン生産方式からセル生産方
□□□ 式に切り替えた。

017 工程間の仕掛品をなくすため，1人生産方式からU字生産方式に切り
□□□ 替えた。

関連項目 『スタートアップ！中小企業診断士超速習テキスト』 P122-123

解答・解説

---

010 × ライン生産方式では，**各作業者は特定の作業工程を担当**するため，作業が単調になる傾向があります。この結果，**モチベーションが低下する**など労務管理上の問題が生じやすくなります。

---

011 × ライン全体で1つの製品を生産する速度を**サイクルタイム**と言います。サイクルタイムを減らしたい場合，最初に各作業工程の**作業負荷を均一にする**ことを検討します。均一化が十分図られていれば，次に**作業工程の数を増やす**検討をします。

---

012 × **混合ライン方式**とは，作業手順や加工方法がほぼ同じ複数の品種を一緒に生産する方式です。時間によって生産するものを切り替える，ライン切り替え方式とは異なり，基本的に**段取り替えは発生しません**。

---

013 ○ ライン生産方式では，**各作業者は特定の作業工程を受け持ち**ます。しかし，生産量の変動や，作業者が病気で休むなどの場合にも柔軟に対応できるように，他の工程もできるようにしておくことが，望ましいと言えます。

---

014 ○ ライン生産方式では，**少種大量生産**することを重視して，設備を配置し専用ラインを設けます。一方，**セル生産方式**では**多種少量の生産**に対応するため，形状・寸法・素材・工程などの類似しているものをグループ化して，それに適した機械と工程を配置してセルを構成します。

---

015 ○ ライン生産方式と比べ，セル生産方式では1人の作業者が受け持つ工程が増えます。このため，**作業者の育成に時間がかかる**というデメリットがあります。

---

016 ○ ライン生産方式では，各作業者がそれぞれ特定の工程のみを担当するのに対し，セル生産方式では1人で**複数の工程**を担当するため，工程間の**待ち時間の発生が少なく**，バランスロス率を下げることができます。

---

017 × 1人生産方式は**全工程を1人で担当**するため，生産中は仕掛品が発生しません。**U字生産方式は作業者がラインを取り巻きやすいように，U字型にラインを配置した方式**です。U字生産方式では複数人で作業を分担するため仕掛品が発生します。

ポイント

- **ライン生産方式**は，ベルトコンベアの上に製品が乗って，移動しながら加工されるような生産方式で，連続生産に用いられます。
- **セル生産方式**は，製品や部品を，形状・寸法・素材・工程などが類似しているものにグループ化し，そのグループ単位で工程を編成する方式です。

科目3 運営管理

分野1 生産管理

③ 工場計画

1回 ／
2回 ／
3回 ／

018 固定式レイアウトでは，製品の移動がほとんどなく，作業員や工具が
□□□ 製品の周りを移動する。

019 製品別レイアウトを採用するため，複数あるNC旋盤，研磨機，塗装
□□□ 機をそれぞれ機械ごとにまとめて配置した。

020 製品別レイアウトは，製品の加工の「流れ」を重視したレイアウトで，
□□□ ジョブショップ型と呼ばれることもある。

021 機能別レイアウトでは，機能の類似した製品をグループ化して共通の
□□□ ラインで生産する。

022 SLPは，Systematic Layout Planningの略で，工場内のスペースを合
□□□ 理的に計画できる。

023 SLPでは，設備や機械，材料，倉庫などの構成要素のことを，アク
□□□ ティビティと呼ぶ。

024 SLPでは，最初に物の流れ分析を行い，どのような流れで製品を加工，
□□□ 移動するかを分析する。

025 SLPでは，最終的なレイアウト案を，スペース相互関連ダイアグラム
□□□ をもとに作成する。

関連項目　『スタートアップ！中小企業診断士超速習テキスト』　P124-125

解答・解説

018	○	**固定式レイアウト**は，製品を固定するレイアウトで，作業員や工具が製品の周りを移動します。**重量物などの製品を個別生産する場合**に向いています。
019	×	**類似した機能の設備をまとめて配置**するのは，**機能別レイアウト**です。製品別レイアウトは，**加工順序に沿って設備を配置**します。
020	×	製品別レイアウトは，製品の**加工の「流れ」を重視**したレイアウトを配置することから，フローショップ型と呼ばれます。
021	×	機能別レイアウトでは，類似した製品ではなく，類似した設備をまとめて配置します。**類似した製品をグループ化**するのは，グループ別レイアウトとなります。
022	○	SLPはどのような場合でも，同じ手順で**工場内のスペースを合理的にレイアウト**できます。
023	○	SLPでは，工場内の設備や機械，材料，倉庫などの構成要素のことを，**アクティビティ**と呼びます。
024	×	SLPで最初に行うのは，**P-Q分析**です。P-Q分析で，どのような製品（Product）をどれだけ生産するのか（Quantity）分析してから，流れ分析を行います。
025	○	SLPでは，最後に各アクティビティに必要な面積の情報を，**アクティビティ相互関連ダイアグラム**に組み込み，**スペース相互関係ダイアグラム**を作成します。これをもとに，実際のレイアウト案をいくつか作成します。

科目3 運営管理

分野1 生産管理

ポイント

工場レイアウトには，次の4つの基本的な分類があります。

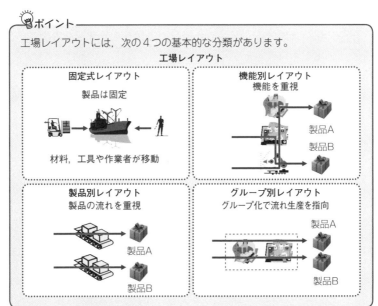

工場レイアウト

固定式レイアウト
製品は固定
材料，工具や作業者が移動

機能別レイアウト
機能を重視
製品A
製品B

製品別レイアウト
製品の流れを重視
製品A
製品B

グループ別レイアウト
グループ化で流れ生産を指向
製品A
製品B

生産計画・統制

1回
2回
3回

026 フォワードスケジューリングとは，作業の開始時点から，順番に予定
□□□ を組んでいく方法である。

027 ジョブショップスケジューリングは，同じ専用ラインを使用して複数
□□□ の製品を大量生産するのに適した方法である。

028 バックワードスケジューリングは，あらかじめ決められた納期を守る
□□□ ために，作業開始日を決める方法である。

029 プロジェクトスケジューリングでは，必要な作業をすべて抽出し，そ
□□□ れぞれの作業の開始日と完了日がわかるようにする。

030 生産統制は，大きく分けて進捗管理，現品管理，余力管理，販売管理
□□□ の4つから構成される。

031 余力管理では，製品原価や作業者の負荷状況を管理し，むだな費用の
□□□ 発生を防止する。

032 進捗管理では，入荷した資材の管理や，日程計画に対する仕事の進捗
□□□ 状況を管理する。

033 現品管理では，部品や仕掛品の運搬や保管状況を管理し，部品の過不
□□□ 足を未然に防止する。

関連項目 『スタートアップ！中小企業診断士超速習テキスト』 P126-127

解答・解説

026 ○ フォワードスケジューリングとは，いつから作業を開始できるかを決定し，そこから**工程順序に沿って予定を組んでいく方法**です。

027 × ジョブショップスケジューリングとは，複数の作業を，幾つかの機械で処理する場合に，作業や機械の順番を最適化するのに適した方法です。この方法は，機能別レイアウトを用いて**多種少量生産する場合**に多く用いられます。

028 ○ バックワードスケジューリングは，納期を基準に，**工程の順序とは逆に予定を組んでいき**，いつから作業を開始するかを決定します。

029 ○ プロジェクトスケジューリングでは，複数の作業から構成されるプロジェクトの**作業項目をすべて抽出**し，各作業の所要期間や作業間の関連がわかるようにします。

💡ポイント

プロジェクトスケジューリングは，個別生産形態で用いられるスケジューリング手法です。代表的なものとして，作業日程の計画と管理をするためのガントチャートがあります。右図のように，作業ごとのスケジュールを線で表します。

作業		1週	2週	3週	4週
作業1	予定				
	実績				
作業2	予定				
	実績				
作業3	予定				
	実績				
作業4	予定				
	実績				

030 × 生産統制は，**進捗管理，現品管理，余力管理**の3つから構成されます。販売管理は生産統制には含まれません。

💡ポイント

生産統制は，進捗管理，現品管理，余力管理の3つから構成されます。

031 × 余力管理は，**作業者の負荷状況と余力を常に把握し，設備や人員などを適切に配分**することで，コストの増大や納期の遅延を防止するための活動です。製品原価の把握は含みません。

032 × 進捗管理は，**日程計画に対する仕事の進捗状況を把握，調整する活動**です。入荷した資材の管理は，現品管理の活動の一部です。

033 ○ 現品管理は，**部品や仕掛品などの運搬や保管の状況を管理**することで，部品の過不足等による問題を防止する活動です。

科目3 運営管理

分野1 生産管理

5 資材管理

1回 ／
2回 ／
3回 ／

034 在庫を適正量に維持し，キャッシュフローの改善に貢献するのは，資材管理に含まれる活動である。

035 外注の工場を定期的に監査し，期待する品質が保てるか確認するのは，資材管理に含まれる活動である。

036 製造装置の燃料を定期的に確認し，必要に応じて補充するのは，資材管理に含まれる活動である。

037 サプライヤーを定期的に訪問し，材料の値下げ交渉を行うのは，資材管理に含まれる活動である。

038 MRPは基準生産計画から，資材の所要量を計画するシステムである。

039 MRPにおいて，従属需要品目の所要量は，独立需要品目の受注や需要予測に基づいて計算される。

040 MRPにおいて，部品の正味所要量は，手持ちの在庫量と発注残を加味して計算される。

041 MRPにおいて，部品構成表には，ストラクチャ型と，ブリーフ型の2つの種類がある。

関連項目 『スタートアップ！中小企業診断士超速習テキスト』 P128-129

解答・解説

034　○　資材の在庫量を適切な水準に維持する活動は，資材管理の**在庫管理**に該当します。一般的な製造業では，材料や部品などの資材が製造原価の中で最も大きな割合を占めます。このため，不要な在庫を持たないことでキャッシュ・フローの改善が図れます。

035　○　外部の企業を活用する活動は，資材管理の**外注管理**に該当します。適切な外注を選定したり，その後の外注の指導や維持に努めることは，外部企業を有効に使う上で重要です。

036　×　製造装置への燃料の補充は，生産活動の一部であり，資材管理の活動には含まれません。工場内の製造装置が使う燃料の所要量計算に基づき，燃料を調達して保管したり，必要な場所まで運搬するところまでが，資材管理の範囲です。

037　○　資材を適正なコストで調達するために，値下げ交渉をしたり，新たな調達先を探索する活動は，**資材管理の購買管理**に該当します。

ポイント

資材管理の主な機能は6つあります。それは，**資材計画，在庫管理，購買管理，外注管理，倉庫管理，運搬管理**です。

038　○　MRPは，製品の基準生産計画，部品表，在庫・発注残情報などをもとに，**資材の所要量と時期を計画するための仕組み**です。MRPは，独立需要品目の生産計画を基準生産計画として与え，従属需要品目の所要量と時期を計算します。独立需要品目とは，**最終製品や個別に提供されるサービスパーツ**などのことです。

039　○　従属需要品目とは，**製品を構成する部品**のことです。これらの所要量は，独立需要品目（すなわち最終製品や個別に提供されるサービスパーツ）の受注量や，需要予測に基づき計算されます。

040　○　正味所要量計算は，所要量から手持ちの在庫と発注残を引いて，足りない分の所要量を計算することです。

041　×　部品構成表（部品表）の種類は，ストラクチャ型部品表と，サマリー型部品表の2種類です。**ストラクチャ型部品表**は，製品を構成するすべての部品を**階層型に表現**したものです。サマリー型部品表は，製品を構成するすべての部品を**リストで表した**ものです。

科目3 運営管理

分野1 生産管理

6 在庫管理

1回 ☐
2回 ☐
3回 ☐

042
☐☐☐
豊富な在庫は，調達時間を省くことができるため，いつでも市場の
ニーズに素早く対応できる。

043
☐☐☐
在庫の不足は，納期の遅延を招きやすく，機会損失が増加するリスク
がある。

044
☐☐☐
過剰な在庫は，運転資金の悪化に加え，在庫維持費用の増加にもつな
がる。

045
☐☐☐
在庫の不足による資材の調達では，違う購入ルートから高いコストで
仕入れることがある。

046
☐☐☐
定量発注方式は，発注量を適切にコントロールできるので，単価の高
い品目に向いている。

047
☐☐☐
定量発注方式では，発注点を低くすることで，品切れの頻度も低くな
る傾向にある。

048
☐☐☐
定期発注方式は，発注量をきめ細かく調整できるので，需要の変動に
対応しやすい。

049
☐☐☐
定期発注方式で，在庫を減らす1つの方法として，発注間隔を短くす
ることが挙げられる。

関連項目 『スタートアップ！中小企業診断士超速習テキスト』 P130-131

解答・解説

042 × 適正な在庫は調達時間を省ける分，市場のニーズに短納期で応えやすくなります。しかし，近年では，**製品のライフサイクルが短縮**しており，豊富な在庫は，市場ニーズに対応した新製品への切換えタイミングを遅くしたり，**資材が死蔵在庫化するリスク**を伴います。

043 ○ **在庫の不足**は，資材の調達時間が余分にかかるため，その分製品の生産が遅れます。この結果，納期の遅延を招きやすく，**機会損失**が増大するリスクがあります。

044 ○ **過剰在庫**の問題は，運転資金が多くなり資金繰りが悪化することや，在庫維持のための保管料や倉庫費，人件費等の**費用が増加**することです。

045 ○ 在庫の不足により資材を緊急調達する際は，市場在庫をストックすることで短納期納入を専門にしている業者から，**通常より高いコスト**で資材を仕入れることがあります。また，通常とは違う運送手段（船便→航空便）を用いることで，資材の調達時間を短縮することがあります。

046 × **定量発注方式**では，**発注量は毎回同じ**です。この方式は，在庫切れのリスクに備え，安全在庫数を増やしたり，発注量を多めにしても，あまり負担が大きくならない**単価の低い品目**に向いています。

047 × **発注点を低くする**というのは，**発注時点で残っている在庫数が少ない**ことを意味します。入荷するまでの需要変動に対する余裕や，何らかの事情で調達リードタイムが長引いた場合の余裕が少なくなるため，品切れになる頻度（確率）は高くなります。

048 ○ **定期発注方式**では，発注ごとに直近の需要量や，季節による需要変動量などを考慮して発注量を決めます。このため，定量発注方式に比べ，**需要の変動に対応しやすい**と言えます。

> **ポイント**
> 定量発注方式では，毎回の発注量は同量です。定期発注方式は需要予測をもとに発注量を決めます。そのため，定期発注方式のほうが，定量発注方式に比べて需要の変動に対応しやすいです。

049 ○ **定期発注方式で発注間隔を短く**すれば，**在庫調整期間内に消費する資材（在庫量）が減ります**。また，不測の事態に備えた**安全在庫も少なく**することができます。

科目3 運営管理

分野1 生産管理

IE① 方法研究

1回
2回
3回

050 IEは，生産性を高めるための工学的な手法の体系である。
□□□

051 IEは，製品だけでなく，システム全体を最適に設計・改善・運用する手法である。
□□□

052 IEを大きく分けると，「方法研究」と「時間研究」から構成される。
□□□

053 IEの「方法研究」は，さらに「工程分析」と「動作研究」に分けられる。
□□□

054 製品工程分析では，工場などのレイアウト図の上に，工程図記号を記入することで，工程の流れを表す。
□□□

055 作業者工程分析は，作業者の作業を中心に分析するもので，作業手順や作業の無駄を改善する際に利用される。
□□□

056 動作研究のマイクロモーション分析により，通常より遅いスピードで撮影すると気がつかない無駄な動きを発見できる。
□□□

057 動作研究の連合作業分析により，作業者の多工程持ちや，適正な配置人員を検討できる。
□□□

関連項目 『スタートアップ！中小企業診断士超速習テキスト』 P132-135

解答・解説

050　○　IEは，**生産性を高めるための工学的な手法の体系**で，日本語では経営工学や生産工学，管理工学などと呼ばれています。

051　○　IEが対象にするのは，製品だけでなく，**人**や**物**，**設備**，**情報**などを含めた**システム全体**です。

052　×　IEを大きく分けると，**作業測定**と**方法研究**から構成されます（時間研究ではありません）。時間研究は**作業測定の構成要素**となります。

053　○　**方法研究**は，さらに**工程分析**と**動作研究**に分けられます。

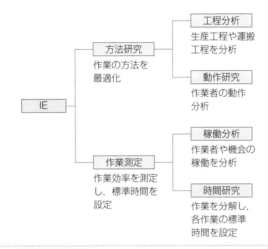

054　×　**製品工程分析**とは，製品が加工される流れを，運搬，検査，停滞を含めて表し，**問題点を明らかにする分析手法**です。設問文の記述は，流れ線図に関するものです。

055　○　**作業者工程分析**では，作業者の作業を中心とした工程をすべてリストアップし，それぞれの作業を，**加工**，**移動**，**手待ち**，**検査**に分類して分析することで，作業手順や作業の無駄の改善を行います。

056　×　**マイクロモーション分析**では，通常よりも**速いスピード**で**撮影**し，**ゆっくり再生**します。遅いスピードで再生することで，細かい動作を分析するのが狙いです。設問の記述は，**メモモーション分析**に関する内容です。

057　○　**連合作業分析**では，作業者と機械，2人以上の作業者が共同して行う作業の状況を分析します。これにより，作業者の手待ちや，機械の稼働状況などを把握でき，作業者の多工程持ちや，配置人員の削減を検討することができます。

IE② 作業測定

1回 ☑
2回 ☑
3回 ☑

058 稼働分析のワークサンプリングは，隠れて観測することで作業者が観
□□□ 測されることを意識せず，偏りのないデータが取れる。

059 稼働分析の連続観測法は，非繰り返しの作業の観測に適している。
□□□

060 連続観測法は，ワークサンプリングと比較して測定に手間がかかる。
□□□

061 稼働率は，「実際の稼働時間」を，「実際の稼働時間と非稼働時間の合
□□□ 計」で除して求めることができる。

062 時間研究における標準時間は，「その仕事に習熟した作業者が」「適切
□□□ な所定の作業条件のもとで」「必要な余裕を持ち」，作業するのに必要
となる時間である。

063 標準時間は，主体作業時間と準備段取り作業時間から構成される。
□□□

064 実績資料法は，過去のデータを基礎として標準時間を設定する方法で，
□□□ 個別生産でよく利用される。

065 PTS法は，繰り返しの少ない作業の標準時間の設定に適しており，標
□□□ 準時間の設定も容易にできる。

【関連項目】『スタートアップ！中小企業診断士超速習テキスト』 P132-135

解答・解説

058 ×　ワークサンプリングは，**作業を瞬間的に観測して，稼働状況を統計的に求める方法**です。時々観測を行い，その時の作業内容を記録して，最後に集計することで稼働内容や稼働率の分析を行います。ただし，隠れて観測するわけではありません。

059 ○　連続観測法は，**観測対象につきっきりで観測する方法**です。そのため，詳細に作業を分析でき，問題点を細かく分析できます。また，**非繰り返しの作業がある場合の観測に適しています**。仮に，同じ作業をワークサンプリングで観測した場合，非繰り返し作業が観測されない可能性があります。

060 ○　ワークサンプリングが作業を瞬間的に観測するのに対して，連続観測法は観測対象につきっきりで観測するため，**測定に手間**がかかります。

061 ○　稼働率は，**稼働率＝実際稼働時間÷総時間**で求めることができます。ここで総時間は，**実際の稼働時間＋非稼働時間**となります。

062 ×　標準時間を設定する際は，設問の記述に対して「正常な無理のない作業ペースで作業する」を加えた，4つの条件が必要になります。これら4つの条件をすべて満たした上で作業にかかる時間が，標準時間となります。

> 💡ポイント
> 時間研究は，作業を分解し，各作業の標準時間を設定するための手法です。

063 ○　主体作業時間とは，材料を加工したり，部品を組み立てるなど，ロットの間の**主体となる作業時間**を指します。準備段取り作業時間は，ロットごともしくは始業や終業時に発生する，**準備や段取り，後始末などの時間**です。

064 ○　実績資料法は，**過去の実績から標準時間を見積もる方法**で，個別生産でよく利用されます。比較的容易に標準時間を設定できる一方で，見積り精度は低くなる傾向にあります。

065 ×　PTS法は，**動作を微動作（サーブリッグ）のレベルに分解**し，あらかじめ定められた微動作ごとの**標準時間を合計する方法**です。作業者を直接計測する必要がなく，繰り返しの多い作業の標準時間の設定に適しています。一方で，作業を微動作レベルまで分析する必要があるため，手間がかかります。

⑨ 品質管理

066 設計品質は，適合の品質とも呼ばれる。
□□□

067 品質管理において，不合格になるはずのロットが合格になる確率を，
□□□ 消費者危険と呼ぶ。

068 TQM（総合的品質管理）では，会社利益の優先ではなく，顧客第一
□□□ の考え方で活動を進めることを重視している。

069 TQM（総合的品質管理）では，結果だけに着目するのではなく，プ
□□□ ロセスの改善により品質を向上させることを重視している。

070 QC手法において，管理図には，管理限界を示す2本の線が引かれる。
□□□

071 QC手法において，ヒストグラムのデータの分布は，一般には正規分
□□□ 布となる。

072 100個の製品重量のバラツキを調べるのに，ヒストグラムを用いる。
□□□

073 製品の重さが許容値内であるか管理する際に，QC手法の層別を用い
□□□ る。

関連項目 『スタートアップ！中小企業診断士超速習テキスト』 P136-137

解答・解説

066 ✕ 設計品質は，顧客の要求を満たすための品質を目標として設定したもので**狙いの品質**と呼ばれます。**適合の品質**と呼ばれるのは，**製造品質**です。製造品質は，製品の製造時に結果として生じた品質です。

067 ◯ 抜取検査のサンプルの品質がたまたま合格基準を満たしているため，本来は不合格のはずのロットを合格にしてしまう確率を，**消費者危険**と呼びます。消費者危険とは消費者側のリスクという意味です。

068 ◯ TQM（Total Quality Management：総合的品質管理）は，**顧客満足の向上を重視**し，経営戦略としてトップダウンで顧客満足や，それを実現するために品質を向上させる手法です。TQMでは，顧客を第一に考え，顧客の中に入りニーズやウォンツを的確に把握し，これを満たす良い製品やサービスの提供を優先させていきます。

069 ◯ TQMにはプロセス重視の考え方があります。良い結果を継続的に得るための**プロセス（仕事の仕組み・やり方）に着目**し，これを管理し，向上させていくという考え方です。

070 ◯ QC手法は，**品質の改善活動をするための手法**です。管理図はQC手法の１つであり，測定した値の折れ線グラフと共に，管理限界線を上下に引いたものです。

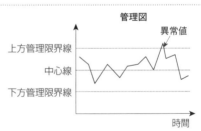

071 ◯ ヒストグラムは，データ範囲ごとのデータの個数（度数）を表示したグラフです。ヒストグラムの分布は，通常，中央が高くなり，その左右が対象に裾野のように広がる**正規分布**となります。

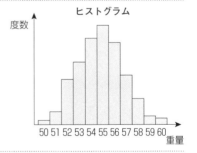

072 ◯ 100個の製品について，重量を測定した結果を，例えば１g間隔のデータ範囲に分けてヒストグラムを作ることで，製品重量のバラツキを調べることができます。

073 ✕ 層別は，**データの母集団を幾つかの層に分割する際**に用います。例えば，外観不良の原因を調べる場合であれば，「塗装ムラ」「傷」「欠け」「指紋」などの項目にデータを分けた上で調査を進めることができます。設問文のように，**ある特性の範囲を管理する場合**は，管理図を用いるのが適当です。

科目3
運営管理

分野1
生産管理

⑩ 生産情報システム

1回 ／
2回 ／
3回 ／

074 強度に不安がある部品のモデルをコンピュータ上に作成し，強度のシ
□□□ ミュレーションを行うのに，「CAD」を用いる。

075 新製品を開発するにあたり，前モデルと同じ部品を使用する部分につ
□□□ いては，その部品の「CAE」データを再利用しながら設計を進める。

076 コンピュータ上の部品設計データを，「CAM」を用いて加工機械で使
□□□ えるデータに変換する。

077 設計・開発に関わるすべての情報を一元化して管理し，複数部門で共
□□□ 有ができるように，「CAI」を導入する。

078 入力された，切削用工具の刃先の加工動作情報をもとに，動作する機
□□□ 械を「NC」という。

079 生産だけでなく，受注や設計，物流なども含めて全体を管理するシス
□□□ テムを「FMS」という。

080 自動車の開発費用と期間を減らすために，デジタルモックアップを用
□□□ いて，空力性能を評価する。

081 製品の立上げをスムーズに行うために，バーチャルマニファクチャリ
□□□ ングを用いて，製造ラインの人・物・設備などの動きを事前に解析す
る。

関連項目 『スタートアップ！中小企業診断士超速習テキスト』 P138-139

074 × CADは，**コンピュータを利用して行う製品の設計システム**です。CADでは製品の形状やその他の属性データからなるモデルをコンピュータ内部に作成し，**製品の設計を進めます**。設問の記述は「CAE」に関する内容です。

075 × CAEは，**コンピュータ内部に作成したモデルの情報を基に，製品や部品の解析評価を行うシステム**です。CAEは，製品を実際に作る前に，強度や安定性，性能などの解析やシミュレーションによる評価ができます。設問の記述は「CAD」に関する内容です。

076 ○ CAMは，**コンピュータ内部に作成したモデルの情報を，加工機械などに直接インプットするシステム**です。CAMでは，CADなどで設計したモデルを，実際に生産ができるように**NC工作機械**などにインプットします。

💡ポイント

製品の設計では，CAD，CAM，CAEというシステムが連携して使用されます。CAM（Computer-Aided Manufacturing）は，モデルの情報を加工機械などに直接インプットするシステムで，CADなどで設計したモデルを生産できるようにNC工作機械などにインプットすることにより工程設計を支援します。

077 × CAIは，**コンピュータを用いた教育システム**です。複数の人に同時に教えながら，個々の理解力や進度に合わせた**個別教育**も行えます。設問文の記述は「PDM」に関する内容です。

078 ○ NCは，CADなどの設計データから作成したプログラムを使って，自動的に製品を加工するように**数値制御される工作機械**です。

079 × FMSは，複数のFMC や自動搬送装置を組み合わせて構成された**工程全体をコンピュータで管理する生産システム**です。FMCは，NCやロボットなどの個々の機械を組み合わせ，セル単位で作業を自動化するものです。設問の記述はCIMに関する内容です。

080 ○ デジタルモックアップは，設計段階で実物の試作品（モックアップ）を作らずに，三次元CADによる製品設計モデルを用いて，製品の外観や，内部構成，動作などの**比較・検討を行う，シミュレーションシステム**です。デジタルモックアップを用いると，実物大の模型を作り試験を行うのに比べて，**開発費用や期間を減らす**ことができます。

081 ○ バーチャルマニファクチャリングでは，製品の開発・設計・製造（生産設備／作業者）・検査など，**生産に関わるすべてをコンピュータの中に構築**します。なるべく少ない情報を用いて，現実に近い生産システムのモデルを作り，実際に生産する前に仮想的に生産を行います。

科目3 運営管理

分野1 生産管理

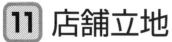

⑪ 店舗立地

082 商店街の来店客は，3次商圏から来る人よりも，1次商圏から来る人
□□□ のほうが多い。

083 一般的に最寄品を扱う小売業の商圏のほうが，買回品を扱う小売業の
□□□ 商圏より広い。

084 ライリーの法則を用いて，2つの都市がその間にある都市から顧客を
□□□ 集客する割合を求めることができる。

085 ライリーの法則は，買回品の商圏分析よりも，最寄品の商圏分析をす
□□□ るのに適している。

086 アウトレットモールとは，広大な売場面積と，豊富な品揃え，低価格
□□□ で，まとめ買いをする顧客をターゲットとした，大型の小売店舗であ
る。

087 パワーセンターとは，アミューズメント系の施設を中心に，飲食店や
□□□ 小売店などが入る形態の店舗である。

088 ホールセールクラブとは，無包装，ケース単位での販売などによりコ
□□□ ストを抑えて低価格販売する，会員制の倉庫形式の店舗である。

089 ハイパーマーケットとは，カテゴリーキラーと呼ばれる大型専門店を
□□□ 複数集めたショッピングセンターである。

関連項目 『スタートアップ！中小企業診断士超速習テキスト』 P142-143

解答・解説

082　○　来店客数の多さによって，**1次商圏**，**2次商圏**，**3次商圏**と分類します。例えば，各商圏別の来店顧客の比率は1次商圏が最も多く，1次商圏（70％），2次商圏（20％），3次商圏（10％）のようなイメージになります。

083　×　消費者が，**最寄品**を購入する際に探索する行動範囲は，**買回品**を購入する際に比べて狭くなります。例えば，コンビニエンスストアで扱うような最寄品よりも，ホームセンターで扱うような買回品のほうが商圏はより広くなります。

084　○　**ライリーの法則**とは，「2つの都市（A，B）が，その間にある都市（C）から，それぞれどのぐらいの購買力を吸収できるかを示すもので，その割合は都市AとBの人口に比例し，都市CからAとBへの距離の2乗に反比例する」という法則です。

ポイント

ライリーの法則は，「2つの都市がその間にある都市から，顧客を吸引する割合は，その2つの都市の人口に比例し，距離の2乗に反比例する」という法則です。

085　×　**ライリーの法則**は，ライリーが米国において**買回品の購買**を研究した結果，提唱した法則です。あまりにも単純化し過ぎているとの批判も多く最寄品の購買などには，あまり向きません。

086　×　**アウトレットモール**は，メーカーや小売の，過剰在庫，旧モデル，キズものなどを安価で販売する商業集積のことです。設問文の記述は，ハイパーマーケットに関する内容です。

087　×　**パワーセンター**は，カテゴリーキラーと呼ばれる大型専門店を複数集めたショッピングセンターです。設問文の記述は，**テーマパーク型ショッピングセンター**に関する内容です。

088　○　**ホールセールクラブ**とは，**会員制の倉庫形式の店舗**です。陳列や包装に手間をかけず，ケース単位で陳列・販売することで，コストを抑えて，卸売り価格に近い低価格で販売することを特徴としています。

089　×　**ハイパーマーケット**とは，広大な売場面積と，豊富な品揃え，低価格で，まとめ買いをする顧客をターゲットとした，**大型の小売店舗**です。設問文の記述は，**パワーセンター**に関する内容です。

科目3 運営管理

分野2 店舗・販売管理

12 店舗設計

1回 ／
2回 ／
3回 ／

090 客動線も従業員動線もできるだけ長くなるように，売場レイアウトを
□□□ 設計するのが望ましい。

091 ワンウェイコントロールとは，客動線が長くなるように制御すること
□□□ である。

092 副通路とは，多くの顧客が通る通路のことをいい，店舗の隅々まで行
□□□ きわたるように設計するのが望ましい。

093 マグネットとは，売れ筋の商品や，話題の商品，特売品などを配置し
□□□ た，顧客を引きつける売場のことである。

094 ステージとは，スーパーなどでよく見かけられる什器で，さまざまな
□□□ 商品が並べられるように複数の棚がついている。

095 リーチインケースとは，スーパーなどでよく見かけられる什器で，ア
□□□ イスクリームなどがすぐに取り出せるように，ガラス扉がないタイプ
　　　 が多い。

096 ウォークインケースとは，コンビニエンスストアなどでよく見かけら
□□□ れる什器で，飲料などを後ろから補充できる。

097 ショーケースとは，ブランド品の小売店などでよく見かけられる什器
□□□ で，通行人を引き付けるように，通りに面した部分に商品を飾り付け
　　　 ることができる。

関連項目 『スタートアップ！中小企業診断士超速習テキスト』 P144-145

解答・解説

090　×　**客動線**は，顧客が店内をくまなく回るように**長く設計**することが重要です。こうすることで顧客が商品と接する機会を増やし，売上を増やすことができます。一方で，接客やレジ打ち，在庫を取りに行くなどの**従業員動線**は，できるだけ**短く設計**するほうが作業が効率的に行えます。

> 💡**ポイント**
>
> 客動線はできるだけ長く，従業員動線はできるだけ短くなるように売場レイアウトを設計します。

091　×　**ワンウェイコントロール**とは，客動線がスムーズに**一方に流れるように制御**することです。入り口から順番に奥に進み，店内を巡回して出口まで一方方向に導くようにします。

092　×　**副通路**とは，多くの顧客が通る主通路から**枝分かれする，幅が狭い通路**のことです。主通路から，副通路にうまく誘導するように，棚のエンドなどを工夫します。

> 💡**ポイント**
>
> 通路には，多くの顧客が通るための幅が広い**主通路**と，主通路から枝分かれする幅が狭い**副通路**があります。主な客動線は，主通路を通る動線になります。

093　○　**マグネット**とは，設問文の記述にあるような，**顧客を引きつける売場**のことです。顧客を引きつけるために，売れ筋の商品や，話題の商品，季節性のある商品，特売品などを配置します。

094　×　**ステージ**とは，**床より一段高いスペースを作り，そこに商品を陳列する什器**です。設問の記述は，陳列台に関する内容です。陳列台にはさまざまなものがありますが，スーパーなどによくある複数の棚がある陳列台は**ゴンドラ**と言われます。

095　×　**リーチインケース**は，商品をケースの**前面から**補充するタイプの冷凍・冷蔵庫で，扉があるタイプがほとんどです。例えば，冷凍食品やアイスクリームなどの陳列に利用されます。

096　○　**ウォークインケース**は，商品を**後ろから**補充するタイプの冷蔵庫です。これはコンビニエンスストアの飲料やビールなどの陳列でよく使用されています。

097　×　**ショーケース**は，**商品が見やすいようにガラスなどでできているケース**です。設問文の記述は，**ショーウィンドウ**に関する内容です。

科目3　運営管理 ｜ 分野2　店舗・販売管理

13 店舗関連の法律

1回 □□□
2回 □□□
3回 □□□

098
□□□ 都市計画法において，都市計画区域外で乱開発が懸念される準都市計画区域の指定は，原則として市町村が行う。

099
□□□ 都市計画法において，市街化区域とは，都市計画区域のうち，すでに市街地になっている地域や今後計画的に市街化する地域のことである。

100
□□□ 都市計画法では，床面積が1万平方メートルを超える大規模集客施設の建設を「商業地域」「近隣商業地域」「準工業地域」の3地域に限定している。

101
□□□ 都市計画法における，市街化区域と市街化調整区域を区分することを，線引きと呼ぶ。

102
□□□ 中心市街地活性化では，各市町村が基本計画を作成し，内閣総理大臣がそれを認定することで，国による各種の支援措置を市町村が受けられる。

103
□□□ 大規模小売店舗立地法の規制対象は，店舗面積が1,000平方メートルを超える店舗を持つ，すべての小売業である。

104
□□□ 中心市街地活性化では，各都道府県が中心市街地活性化の基本方針を作成し，各市町村が，その基本方針に基づき基本計画を作成する。

105
□□□ 大規模小売店舗立地法の規制対象となる店舗は，出店する市町村の住民への説明会の開催が義務づけられている。

関連項目 『スタートアップ！中小企業診断士超速習テキスト』 P146-147

解答・解説

098 × 都市計画法は，都市周辺での無秩序な開発を防ぎ，**計画的な都市計画を図るための法律**です。都市計画区域とは，都市計画制度上で，**都市とされている範囲**です。準都市計画区域とは，都市計画区域外で，**乱開発が懸念されている地域**です。都市計画法では，都市計画区域，準都市計画区域共に，原則として市町村ではなく，**都道府県**がその区域を指定します。

099 ○ **市街化区域**は，すでに市街地になっている地域や，今後計画的に市街化する地域です。なお，**市街化調整区域**は，市街化を抑制する地域です。

100 ○ 都市計画区域や準都市計画区域内における，**床面積が1万平方メートルを超える大規模集客施設**については，大幅に建設が制限されています。一定の手続を行うことで，**商業地域，近隣商業地域，準工業地域**の3地域に限定して建設が可能です。

101 ○ 市街化区域と市街化調整区域を，区分することを**線引き**と言います。

102 ○ **中心市街地活性化法**は，その名のとおり，中心市街地を活性化するための法律です。各市町村が市街地の整備や商業の活性化などの基本計画を作成し，**内閣総理大臣**が認定します。

103 × **大規模小売店舗立地法**は，大規模小売店の出店の際に，周辺地域の生活環境の保持をするための法律です。規制の対象になるのは，店舗面積が1,000平方メートルを超える店舗のうち，**飲食店を除く小売業**となります。

> 🔦ポイント
>
> 大規模小売店舗立地法の規制の対象になるのは，店舗面積が1,000平方メートルを超える店舗のうち，「飲食店を除く小売業」です。

104 × 基本方針に基づいて基本計画を作成するのは各市町村ですが，その基本方針を作成するのは「各都道府県」ではなく，国になります。

105 × 規制対象となる店舗が出店する際に説明会の実施を義務づけられているのは，**市町村住民**に対してではなく，**出店地域の住民**です。

科目3 運営管理

分野2 店舗・販売管理

14 マーチャンダイジング①
1回
2回
3回

106 経営資源の少ない中小小売店では，限定ライン戦略を取り，大型店との差別化を図るのが望ましい。

107 商品アイテムを深くしすぎると，ストアコンセプトが不明確になりやすいので注意が必要である。

108 百貨店などに代表される大型店では，フルライン戦略をとり，さまざまな品種を取り扱うことが多い。

109 商品ミックスとは，扱う品種とアイテムをどのように揃えるかということである。

110 価格決定について，マーケットプライス法は，同一小売店でも，市場の動向や状況を考慮して地域ごとに異なる価格を設定する手法である。

111 小売価格を1,000円とせずに980円のように端数とするのは，内的参照価格を考慮した価格政策である。

112 威光価格は，有名ブランドの商品イメージを積極的に活用・維持するために相対的に高い価格を設定する手法である。

113 缶ジュースなどすでに一般的に浸透している価格を設定するのは，慣習価格を考慮した価格政策である。

関連項目　『スタートアップ！中小企業診断士超速習テキスト』　P148-153

解答・解説

106 ○ 限定ライン戦略とは，**商品ラインの幅を狭く絞り込み，特定の品種の品揃えを豊富にする戦略**です。例えば，酒屋ならワインのみを専門に取り扱うようなイメージです。経営資源の限られている中小小売店が大型店に対抗していくためには，品揃えを特化して特色を打ち出すことが望ましいと言えます。

107 × 商品アイテムを深くすることで，専門性が増しストアコンセプトがより明確になります。ストアコンセプトが不明確になるのは，「商品ラインの幅」を広げた場合です。

> 💡ポイント
>
> 商品アイテムを深くすることで，専門性が増しストアコンセプトがより明確になります。

108 ○ フルライン戦略とは，**商品ラインが広く，商品アイテムも深く，品揃えをする戦略**です。百貨店に代表される大型店は，経営資源も売場面積も豊富なことから，一般的にこの戦略をとります。これによって顧客のさまざまな買い物のニーズに対応でき，ワンストップショッピングの利便性を提供できます。

109 ○ **商品ミックス**とは，商品ライン（扱う品種）と商品アイテム（扱う品目）をどのように揃えるかということです。

110 ○ **マーケットプライス法**は，全国共通の価格を設定するのではなく，顧客の動向や，市場の状況などを考慮して個別に価格を設定する手法です。

111 × **内的参照価格**とは，過去の購買経験などに基づき，消費者の中に設定された基準価格のことです。設問文の記述は，端数価格政策に関する内容です。端数価格政策は，小売価格を1,000円とせずに980円のように端数とすることで，実際は僅かな価格差でも最初の桁の数字や桁数が変わることで，割安感を増大させる価格設定の手法です。

112 ○ ブランドの商品イメージを積極的に活用して，高い価格を設定する手法を**威光価格**と呼びます。

113 ○ **慣習価格**政策とは，長期間にわたり消費者に親しまれているような商品において，一般的に定着した価格（慣習価格）に基づいて価格を設定する手法です。

15 マーチャンダイジング②

1回
2回
3回

114 ジャンブル陳列は，商品の展示に手間がかかるが，商品を演出しやすいというメリットがある。
□□□

115 島出し陳列を行う場合は，その島出し陳列により見えなくなる部分の商品によく配慮して，陳列の位置や高さを調整する必要がある。
□□□

116 カットケース陳列は，陳列の手間がかからず，安さを訴求できることから，ディスカウントストアなどでよく用いられる。
□□□

117 レジ前陳列は，顧客の目につきやすく，ついで買いや衝動買いを促進することができる。このため，高利益率の商品が陳列されるケースがよく見受けられる。
□□□

118 商品の販売量をABC分析した結果を反映し，ゴールデンゾーンにはC品目の商品を配置するとよい。
□□□

119 顧客があまり移動せずに商品を選べるように，横割り陳列を採用するとよい。
□□□

120 顧客が商品を最も取りやすい高さの範囲を，ゴールデンゾーンと呼ぶ。
□□□

121 顧客の目が届く範囲を，有効陳列範囲と呼ぶ。
□□□

関連項目 『スタートアップ！中小企業診断士超速習テキスト』 P148-153

解答・解説

114 × 115 ○ 116 ○ 117 ○

陳列方法には次のようなものがあります。

陳列方法	概要	効果	適用商品
ジャンブル陳列	投げ込み陳列とも呼ばれ，カゴの中に商品が大量に投げ込まれている陳列方法	• 小さい商品を1つずつ陳列する必要がないため陳列が容易 • 顧客が商品を手に取りやすく親しみやすい	乾電池やガムなど単価の安い小物
島出し陳列	一部を通路側にはみ出して陳列する方法	陳列に変化を与えることで活気を出し，顧客に商品を注目させることが可能	新商品や目玉品を，仮設ステージ上や箱を積み上げて配置
カットケース陳列	商品が入っていたダンボール箱をカットしてそのまま陳列する方法	陳列の手間がかからず，安さを訴求することが可能	ディスカウントストアなどで販売される最寄品
レジ前陳列	レジの直前に陳列する方法	ついで買いや衝動買いの促進が可能	ガムや電池など

118 × ゴールデンゾーンにある商品は，無理なく手に取ることができるため，**売れ筋の商品**や，**重点商品を配置**するのが基本です。このため，ABC分析の結果を反映して配置する商品を決めるのであれば，いわば死に筋商品であるC品目よりも，**売れ筋商品であるA品目**にするのが適当です。

119 × **横割り陳列**とは，同じ種類の商品を横方向に配置する方法です。この方式を採用した場合は，顧客は目的の商品を探すために横に歩くことになります。移動が少ないのは，同じ種類の商品を縦に並べる縦割り陳列を採用した場合です。

120 ○ ゴールデンゾーンとは，最も商品を手に取りやすい範囲です。一般的には，男性の場合は床から**70～160cm**，女性の場合は床から**60～150cm**程度と言われています。

121 × **有効陳列範囲**とは，顧客の手に届く範囲の事です。一般的には床から**60cmの高さから，210cmの間**と言われています。

科目3 運営管理

分野2 店舗・販売管理

16 マーチャンダイジング③

1回
2回
3回

122 スペースマネジメントとは，売場生産性を高めるための手法である。
□□□

123 価格弾力性の高い商品は，価格プロモーションを中心としたインストアプロモーションが有効である。
□□□

124 インストアプロモーションにおけるプラノグラムでは，販売データに基づき店内の商品配置を決定する。
□□□

125 クロスマーチャンダイジングは，非価格主導型のインストアプロモーションに含まれる。
□□□

126 カテゴリーマネジメントに関して，清涼飲料水というカテゴリーを作り，複数あった配置場所を1カ所にまとめた。
□□□

127 小売の視点で売れそうなカテゴリーを作り，そのカテゴリー単位で商品を管理するのは，カテゴリーマネジメントに該当する。
□□□

128 カテゴリーマネジメントは，商品の品揃え・陳列・販売促進など，すべて小売業者が単独で決めて実施できる内容のため，比較的導入がしやすい。
□□□

129 カテゴリーマネジメントでは，カテゴリーを戦略的なビジネス単位として，商品構成などを管理する必要がある。
□□□

関連項目 『スタートアップ！中小企業診断士超速習テキスト』 P148-153

解答・解説

122 ○ スペースマネジメントは，売場の**単位スペース当たりの売上・利益を最大化**していく方法です。具体的には，販売データに基づき，商品の陳列場所や，陳列量を計画し，コントロールすることで，売場の生産性を向上させていきます。

123 ○ インストアプロモーションは，小売店内で行う積極的な販売促進活動です。価格弾力性の高い商品とは，**価格が変わると需要が大きく変動する商品**のことです。つまり価格を少し下げただけでも，販売量の増加が期待できます。こうした商品は価格主導型の活動，すなわち**価格プロモーション**を実施することで，効果的に販売量を増やすことができます。

124 × プラノグラムとは**棚割り計画**のことで，棚の中の陳列位置やフェイス数を決める活動です。店内の商品配置を決める活動は**スペースアロケーション**です。

125 ○ クロスマーチャンダイジングとは，**関連商品をまとめて陳列・演出**することで関連購買を促進する活動です。例えば，肉を単品で売るのではなく，焼肉のたれと並べて，焼肉コーナーとして演出するといったものです。こうした活動では，顧客の購買行動に配慮して関連商品の陳列や演出を工夫し，価格を変えることなく売上の増加を目指します。このため，クロスマーチャンダイジングは非価格主導型の活動に該当します。

126 × カテゴリーマネジメントでは，従来の品種単位やメーカー単位の陳列ではなく，**顧客の視点**に立ってカテゴリーを構築します。例えば「オーガニック」「生活習慣病予防」というように，品種にこだわらず広い視点に立ってカテゴリーを構築し，そのカテゴリーに属する関連商品を品揃え・陳列します。複数あった飲料水の売場を1カ所にまとめるだけでは，カテゴリーマネジメントとはいえません。

127 × カテゴリーマネジメントは，小売の視点ではなく，**顧客の視点から見た商品のカテゴリー**を作り，その単位で品揃え・陳列・販売促進などを行う手法です。

128 × カテゴリーマネジメントの実現のためには，小売業者だけでなく，**メーカーや卸が参加して計画を作成**し，お互いの意図を共有した上で，**サプライチェーン全体**が連動することが必要です。決して小売単独で実現できるものではありません。

129 ○ カテゴリーマネジメントでは，顧客視点でカテゴリーを構築した上で，このカテゴリー単位で経営管理を行う**組織を編成**し，これを戦略的ビジネス単位として運営していきます。

128

科目3　運営管理　　分野2　店舗・販売管理

17 商品予算計画

1回
2回
3回

130 1年間の粗利益が2,400万円，年間平均在庫高（原価）が800万円であった場合，GMROI（商品投下資本粗利益率）は300％である。

131 2,000円で仕入れた商品を，売価値入率20％で販売した場合，販売価格は2,500円である。

132 1年間の売上が1,800万円，期首と期末の棚卸高（売価）がそれぞれ，200万円，400万円であった場合，商品回転率（売価）は6回転である。

133 当月予算高が300万円，年間売上高予算が3,600万円，年間予定商品回転数が4回転である場合，基準在庫法による月初適正在庫高は，800万円である。

134 年間売上高予算が2,400万円，期首と期末の在庫高予算（売価）がそれぞれ，300万円，500万円であった場合，仕入高予算（売価）は，2,600万円である。

関連項目　『スタートアップ！中小企業診断士超速習テキスト』　P154-155

130 ○ GMROI（商品投下資本粗利益率）は，**投下した商品に対する，粗利益の割合**を表します。GMROIが高いと，投下した商品から効率的に粗利益を得ていることになります。GMROIを求める式は，次のようになります。

GMROI＝粗利益÷平均在庫高（原価）

この式を用いて計算すると，GMROIは300％となります。

GMROI＝粗利益÷平均在庫高（原価）＝2,400万円÷800万円＝300％

131 ○ 商品を販売する際には，商品の仕入価格をもとに，どれだけ上乗せして販売価格にするか決定しますが，**上乗せする割合**を値入率と言います。売価値入率とは，売価に対する値入額の割合であり，**値入額÷売価**で求められます。

この式を用いて計算すると，売価値入率は20％となります。

（2,500円－2,000円）÷2,500円＝20％

132 ○ 商品回転率（売価）は，**売上÷平均在庫（売価）**で求められます。また，平均在庫（売価）は，**（期首商品在庫高（売価）＋期末商品在庫高（売価））÷2**で計算することができます。そこで，これらの式を用いて計算すると，商品回転率（売価）は6回転となります。

平均在庫（売価）＝（200万円＋400万円）÷2＝300万円
商品回転率（売価）＝売上÷平均在庫（売価）＝1,800万円÷300万円＝6回転

133 × 月初の適正在庫高を決定する方法の1つに，**基準在庫法**があります。これは，商品回転率が**6回転以下の商品**に向いています。基準在庫法では，月初の在庫高予算は，**当月売上高予算＋安全在庫**という式で計算されます。

ここで，安全在庫は次の式で求められます。

安全在庫＝年間平均在庫高－月平均売上高
（3,600万円÷4）－（3,600万円÷12）＝600万円

月初の適正在庫は，

当月売上高予算＋安全在庫＝300万円＋600万円＝900万円

となります。

134 ○ 仕入高予算（売価）は，次の式で求められます。

仕入高予算（売価）＝売上高予算＋期末在庫高予算（売価）－期首在庫高予算（売価）
2,400万円＋500万円－300万円＝2,600万円

科目3　運営管理　　分野2　店舗・販売管理

18 物　流

1回 /
2回 /
3回 /

135 贈答用商品として，数種類の缶詰を詰合せにした。これは，物流機能
□□□ の包装に該当する。

136 小売店が，直接メーカーから商品を調達し販売するような物流経路を，
□□□ 「卸中抜き」と呼ぶ。

137 店頭にペットボトルのリサイクル用の回収ボックスを配置した。これ
□□□ は静脈物流に該当する。

138 物流の主な機能には，輸送，保管，荷役，包装，流通加工の5つがあ
□□□ る。

139 摘み取り方式のピッキングは，多品種少量の品目を，多くの小売店に
□□□ 出荷する場合に適している。

140 トータルピッキングは，いくつかの小売店に，特定の少量品目を大量
□□□ に出荷する場合に適している。

141 シングルピッキングは，ピッキング後の仕分け作業が必要になるため，
□□□ 出荷品目が多い場合には適さない。

142 種まき方式は，オーダーごとにピッキングするため，移動距離が長く
□□□ なる傾向にある。

関連項目 『スタートアップ！中小企業診断士超速習テキスト』　P156-157

解答・解説

135 × 製品の，値札などのラベル貼りや，小分け，検品，詰合せなどは，物流機能の流通加工に該当します。物流機能の包装とは，輸送や保管をするために，**荷物を保護するような活動**です。

136 ○ 卸中抜きとは，従来，メーカーと小売業者との間に介在していた**卸売業者を排除**して，メーカーと小売業者が直接取引きしたり，メーカーが消費者に直接販売し，中間の流通業者をすべて不要にするような現象を言います。

137 ○ **静脈物流**は，**回収物流**とも呼ばれ，廃棄物やリサイクル物資を回収するための物流です。設問文のような活動はその一環となります。

138 ○ 物流は，**メーカーから消費者まで製品を届ける活動**のことで，その主な機能には**輸送**，**保管**，**荷役**，**包装**，**流通加工**の5つがあります。

139 ○ 摘み取り方式は，**店舗単位**，つまり**オーダー単位**でピッキングをする方法です。ピッキングと仕分け作業が同時に行えるというメリットがあります。そのため，多品種少量の品目を多くの小売店別に仕分けする場合に向いています。

140 ○ トータルピッキングでは，一度のピッキングで複数のオーダーに対応します。ピッキング後に仕分け作業が必要となりますが，品目が少量であれば，仕分け作業も比較的簡単に行えます。このため設問文にあるようなケースでは，トータルピッキングを採用して，ピッキングのためのトータル移動量を少なくしたほうが，仕分け作業に多少の時間がかかっても**全体の作業は効率的**になります。

141 × シングルピッキングは，**摘み取り方式**とも呼ばれるピッキング方式です。この方式では，店舗ごとのオーダー単位でピッキングを行うため，ピッキング後の仕分け作業は必要ありません。ピッキング後の仕分け作業が必要になるのは，**種まき方式**です。

142 × 種まき方式は，複数のオーダーをまとめてピッキングして，後で店舗別に仕分けする方式です。一度のピッキングで複数のオーダーに対応できるため，ピッキングのための**移動距離が短くなり効率的**にピッキング作業が行えます。店舗ごとの**オーダー単位でピッキング**を行うのは，摘み取り方式です。

ポイント

トータルピッキング（種まき方式）は，複数のオーダーをまとめて品種別にピッキングする方式です。シングルピッキング（摘み取り方式）は，オーダー単位でピッキングする方式です。

19 流通情報システム

1回 [　／　]
2回 [　／　]
3回 [　／　]

143 メーカーで印刷するJANコードには通常，価格情報は含まれていない。
□□□

144 小売業が独自に商品に印刷するJANコードを，ソースマーキングと呼
□□□ ぶ。

145 メーカーで用いるJANコードの先頭2桁は，その製品の原産国を表し
□□□ ている。

146 JANコードには，14桁の標準タイプと，8桁の短縮タイプがある。
□□□

147 EOSを導入することで，受発注業者ともに効率的な運営が可能とな
□□□ り，在庫の削減が期待できる。

148 EOSのバーコードスキャン方式では，陳列棚の商品バーコードをス
□□□ キャンすることで，在庫量が計算されて自動発注ができる。

149 EOB方式では，商品の売れ行きを確認しながら，仕入量を決定する
□□□ ことができる。

150 EOSを導入することで，経験が少ない店員でも，比較的簡単に発注作
□□□ 業を行うことができる。

関連項目 『スタートアップ！中小企業診断士超速習テキスト』 P158-159

解答・解説

143 ○ JANコードは，商品に幅広く使われているバーコードで，**商品共通コードとも呼**ばれます。メーカーがつけるコードを**ソースマーキング**と言いますが，これには（書籍など一部の例外を除き），価格情報が原則含まれていません。価格を入れてしまうと小売店などが独自に販売価格を設定するのに支障があるためです。

144 × 小売業が独自に付けるコードは**インストアマーキング**と呼ばれます。ソースマーキングは，メーカーが商品の包装などに印刷する**JANコード**のことです。

145 × JANコードの上２桁は，原産国を表すものではなく，**商品の供給責任者の「国番号」**を表します。このため（一部例外はありますが）原産国が海外でも，日本の業者が輸入販売する場合は，原則日本の国番号（49または45）が表示されます。

146 × JANコードの桁数は，**13桁の標準タイプ**と，**8桁の短縮タイプ**の２種類となります。

147 ○ EOSは，小売店からの発注業務を，卸売や本部などに対して，**ネットワーク経由で行うオンライン受発注システム**です。EOSを導入することで，多くの手作業を簡素化することができます。例えば，小売側では，商品バーコードをスキャンすることで発注作業を省力化し効率的に行えます。また，卸売側では，EOSで受け取った受注データを使って，ピッキングや出荷などの業務を連動して行うことで業務を効率化することができます。このように，受発注双方の**手作業が簡略化**できるため，発注から納品までのリードタイムが短縮可能となり，**在庫を削減**することができます。

148 × バーコードスキャン方式は，在庫量が計算されて自動発注が行われる方式ではありません。この方式は，実際に陳列棚の商品の在庫状況を確認しながら，その場で商品バーコードをスキャンし，注文数を入力して発注する方式です。

149 ○ **EOB方式**では，商品の一覧が掲載されたオーダーブックが電子化されているため，コンピュータ上でPOSによる売上実績データなどを見ながら，発注（仕入）量を決めることができます。

150 ○ **EOSにおける発注**は，商品名や実際の商品を確認しながら，対応する商品の**バーコードをスキャン**することで行います。このため特別な訓練などの必要がなく，経験が少ない店員でも，感覚的に端末を操作しながら発注作業を行うことができます。

科目4

経営情報システム

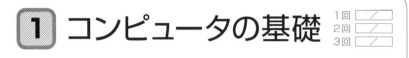

1 コンピュータの基礎

1回 ☐／
2回 ☐／
3回 ☐／

001
☐☐☐
CPUが演算を行うときに，CPU内部でデータを一時的に格納しておく場所をキャッシュと呼ぶ。キャッシュの容量はビットで表され，一般的に容量が大きくなるほど，CPUの処理速度は高速になる。

002
☐☐☐
メモリには，大きくRAMとROMという種類があり，コンピュータの主記憶装置は通常はRAMである。

003
☐☐☐
電源を落としたときにメモリの内容が消えてしまうことを揮発性があると言う。

004
☐☐☐
RAMには，DRAMとSRAMの2種類があり，主記憶装置として使われるのはSRAMである。

005
☐☐☐
仮想記憶装置は，補助記憶装置の容量不足を補うための仕組みである。

006
☐☐☐
物理メモリを追加することによって，スワッピングは減少する。

007
☐☐☐
IEEE1394は無線通信の規格であり，機器の間に障害物があっても，距離が10m程度までであれば通信できる。

008
☐☐☐
ミドルウェアとは，プリンタなど周辺機器を制御するためのソフトウェアで，利用する周辺機器に応じて必要なものをオペレーティングシステムに組み込んで利用する。

009
☐☐☐
オープンソースのオペレーティングシステムは，ソースコードが公開されており，自由に改変することができる。

関連項目 『スタートアップ！中小企業診断士超速習テキスト』 P168-173

解答・解説

001 × CPUでデータの演算を行うときには，CPU内部でデータを一時的に置いておく
レジスタが必要です。レジスタは，非常に高速で小さいメモリで，**容量が大きく
なるほど高速**になります。レジスタの容量の単位は**ビット（bit）**で表されます。

💡ポイント
CPUは，記憶装置からの命令であるプログラムを
読み込んで，その命令を実行します。記憶装置に
は右のような階層があります。

科目4
経営情報システム

分野1
基礎技術

002 ○ RAMは**読み書き可能なメモリ**であり，ROMは**読み込み専用のメモリ**です。主記
憶装置は，入力装置や出力装置，制御・演算装置であるCPUとデータのやりと
りを行うため，読み書き可能であることが必要です。そのため，主記憶装置とし
てはRAMが用いられます。

003 ○ メモリの**揮発性**とは，電源を供給しないと記憶している情報を保持できないとい
うことです。一方で，メモリの不揮発性とは，電源を供給しなくても情報を失わ
ないということです。

004 × RAMには，DRAMとSRAMの2種類がありますが，主記憶装置として使用され
ているのはDRAMです。SRAMは高速ですが高価であるため，**キャッシュメモ
リとして使用**されています。よって，記述は不適切です。

005 × **仮想記憶装置**は，**主記憶装置（メモリ）の容量不足を補うための仕組み**です。補
助記憶装置を利用することで，仮想的にメモリを拡張します。

006 ○ 物理メモリを追加することによって，メモリ内で保持できるデータやプログラム
のサイズが大きくなります。そのため，メモリに乗り切らないデータなどを仮想
記憶領域へ移す頻度が減り，スワッピングは減少します。

007 × この記述はBluetoothを示しています。これは**無線通信の規格**であり，パソコン
と周辺機器などの間を，ケーブルを使わずに電波で接続し，音声やデータをやり
とりすることができます。

008 × **周辺機器を制御するためのソフトウェア**ということですから，**デバイスドライバ**
に関する説明です。

009 ○ オープンソースソフトウェアは，**ソースコードが公開されているソフトウェア**の
ことを指します。そのため，ユーザが自由に**改変**することができます。改変によ
る影響は原則として自己責任となります。

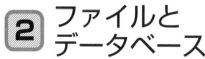

010 バイナリファイルは，2進数で表現されたデータを格納しているファ
□□□ イルであり，画像や音声などのデータはバイナリファイルとして保存
されている。

011 ソフトウェアが特定のファイルにアクセスする際，パスを指定するが，
□□□ パスに拡張子は含まれない。

012 CSVファイルはデータとデータの間をカンマで区切った固定長ファ
□□□ イルのことである。

013 JPEGやGIFはデータの圧縮が行われておりサイズが小さくなるため，
□□□ インターネットのWEBサイトでよく使用されている。

014 MPEGは，動画を扱うデータ形式で，データの圧縮を行って保存する。
□□□

015 データベースでは，あるユーザが更新しようとするデータを，他の
□□□ ユーザが参照することができない。これをロックと呼ぶ。

016 リレーショナルデータベースに関して，表の間の関係のことをリレー
□□□ ションと言い，リレーションの参照先の列のことを外部キーと言う。

017 リレーショナルデータベースの正規化に関して，第1正規化は，繰返
□□□ し項目を分割する手順を言う。

018 SQLでは，SELECT文を用いて，複数の行を集計することができる。
□□□

関連項目　『スタートアップ！中小企業診断士超速習テキスト』　P174-177

解答・解説

010 ○ **画像**や**音声などのデータ**は，バイナリファイルとして保存されます。

011 × 特定のファイルを指定するパスは**拡張子**をつけて表現されます。ファイル名に拡張子がついているためです。例えば，C:¥data¥test¥cusho1.txtといったように，パスには拡張子を含んで表されます。

012 × CSVファイルはデータとデータの間はカンマで区切られていますが，**可変長ファイル**です。**固定長ファイル**ではデータとデータの間の区切りはなく，**データ長で項目**が指定されます。

013 ○ JPEGやGIFに関する正しい記述です。**JPEG**はデジタルカメラの写真などにもよく使われています。

014 ○ **MPEG**は，動画ファイルの形式です。動画データはサイズが大きいため，MPEGではデータを圧縮して保存します。

015 × **複数のユーザが同時にデータを参照・更新できる**ことがデータベースのメリットの1つです。ロックとは，同じデータが同時に更新されることを防ぎ，データの整合性を保つ排他制御の働きです。

016 × 表の間の関係のことをリレーションと言いますが，**外部キー**はリレーションの**参照元の列**のことを言います。例えば，受注表の中の「顧客No」という列が，顧客表の「顧客No」という列を参照しているとき，外部キーは参照元の受注表の「顧客No」の列にあたります。

017 ○ 第1正規化は，**繰返し項目を分割する手順**です。繰返し項目とは，1つの行の中に，複数繰り返されているデータのことです。**第2正規化と第3正規化**は，複数の行で同じデータが記載されているものを，別の表に分割する手順です。

018 ○ SELECT文の基本的な構文は次のようになります。
SELECT 【列名】FROM 【表名】WHERE 【条件】
「GROUP BY」句と集計関数を用いることで複数行の集計を求めることができます。

3 システム構成とネットワーク①

1回　／
2回　／
3回　／

019 全国店舗の現在の売上高・受注高を表示するために必要なのは，リモートバッチ処理である。
☐☐☐

020 3階層クライアントサーバシステムにおいて，プレゼンテーション層では，データの加工処理を行う。
☐☐☐

021 システムに何らかの処理要求を送り終えてから，始めの結果が返ってくるまでの応答時間のことをターンアラウンドタイムという。一方，処理要求の入力を開始してから，すべての処理結果が出力されるまでの時間のことをレスポンスタイムという。
☐☐☐

022 1台のコンピュータで同時に複数の処理を並行して行う機能のことをマルチタスクという。マルチタスクでは，例えば，同時に複数のアプリケーションを実行することができる。
☐☐☐

023 フェールセーフとは，故障が発生した際に，処理を中断することなく機能を維持するシステム構成を表す。
☐☐☐

024 信頼性は平均故障間隔（MTBF）という指標で評価される。MTBFは故障を修理して回復してから，次の故障が発生するまでの平均時間を表す。
☐☐☐

関連項目 『スタートアップ！中小企業診断士超速習テキスト』 P178-183

解答・解説

019 × 売上高や受注高は個々の取引ごとに，整合性を保ちながら記録される必要があります。したがって**OLTP**が必要になります。**リモートバッチ処理**は，通信回線を介してバッチ処理を行う形態ですが，バッチ処理では現在の状態を把握することができません。

> 💡**ポイント**
>
> 情報システムの処理形態を，処理のタイミングで分類するとOLTPとバッチ処理に分類されます。OLTP（On-Line Transaction Processing）は，取引のたびにリアルタイムで処理する方式，バッチ処理はある程度の処理をまとめて一括で行う方式です。OLTPの例として，銀行のATMやネットのオンライン販売が挙げられます。バッチ処理の例は月末の売上集計処理や，夜間のバックアップ処理などが挙げられます。

020 × データの加工処理を行うのは**ファンクション**層です。アプリケーションサーバが代表的な例で，アプリケーション層とも呼ばれます。

021 × **レスポンスタイム**は，処理要求を送ってから，始めの結果が返ってくるまでの応答時間です。**ターンアラウンドタイム**は，処理要求の入力を開始してから，すべての処理結果が出力されるまでの時間です。

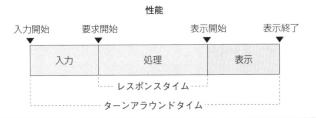

022 ○ この記述は**マルチタスク**のことを示しており，記述は適切です。なお，**マルチスレッド**は，タスクよりもさらに細かい，コンピュータの処理単位を並列的に実行できることをいいます。

023 × 記述は**フェールソフト**のことを示しており，不適切です。**フェールセーフ**は，**故障や障害が発生した場合にシステムを安全な方向に動作させる設計概念**のことです。例えば，ストーブが転倒した場合に，自動的に消火するような設計がフェールセーフです。

024 ○ 信頼性は平均故障間隔（MTBF）で評価されます。**MTBF＝稼働時間の合計÷故障回数**ですから，この記述は適切です。

4 システム構成とネットワーク②

1回 □／
2回 □／
3回 □／

025
□□□ 稼働率が90%のメインサーバと，稼働率が80%のサブサーバがある。この2台のサーバを並列に接続した場合，システム全体の稼働率は72%である。

026
□□□ デュプレックスシステムは，2つのシステムを用意しておき，片方で業務の運用を行う。もう片方は，普段は待機しておき，障害が発生した場合に，待機系に切り替えて運用する。

027
□□□ 通信速度64kbpsの専用線で接続された端末間で，1MBのファイルを転送するとき，このデータの送受信にかかるおおよその時間は16秒である。ただし，計算には制御情報などのオーバーヘッドは含めず，回線速度とファイルサイズのみから算出する。

028
□□□ CSMA/CD方式のLANでは，送信権を制御するための特別なフレームを巡回させ，このフレームを受け取った端末のみ，データ送信が可能となる。

029
□□□ スイッチングハブは，OSI参照モデルにおけるデータリンク層に属する機器で，宛先MACアドレスに基づいて，宛先となるポートだけからデータを転送する。

030
□□□ 無線LANアクセスポイントと，無線LANを利用する端末やプリンタは，共通のSSIDを設定する。

関連項目 『スタートアップ！中小企業診断士超速習テキスト』 P178-183

解答・解説

---

025 × 並列方式では，個々の装置が1つでも稼動していればシステム全体として稼動します。よって，システム全体の稼働率は，式で表すと，以下のようになります。

> **稼働率＝1－（1－Aの稼働率）×（1－Bの稼働率）**
> ＝1－（1－0.90）×（1－0.80）＝98％

---

026 ○ デュプレックスシステムは，2つのシステムを用意しておき，**片方で業務の運用**を行います。もう片方は，普段は待機しておき，障害が発生した場合に，待機系に切り替えて運用をします。待機系システムの稼動状態により，ホットスタンバイ・コールドスタンバイに分かれます。**デュアルシステム**も，2つのシステムを使用しますが，**両方で同じ処理を行います**。

---

027 × 答えは128秒です。まず，ファイルサイズが1MBですので，これをビットに換算すると，「1MB＝1024KB＝1024×1024×8ビット」です。一方，通信速度は「64kbps＝64×1024bps」です。前者を後者で割ると，128秒となります。

> **ポイント**
>
> 1MB＝1024KB　1KB＝1024B　1B（バイト）＝8b（ビット）
> ファイルサイズ：1MB＝1024×1024×8ビット
>
> 通信速度：64kbps＝64×1024ビット／秒

---

028 × 送信権を制御するための特別なフレームとは，トークンのことを指しており，この記述は**トークンパッシング方式**を示しています。CSMA/CD方式では，**すべての端末がいつでもデータを送信**することができます。

---

029 ○ リピータハブで発生する，伝送速度の低下の問題を解決するのが**スイッチングハブ**です。スイッチングハブは，各機器のMACアドレスを記憶しており，データの宛先のポートだけにデータを送信します。

> **ポイント**
>
> LANを構成するためには，必要に応じた接続機器を使用します。スター型の接続形態でLANを構成するには，ハブという機器が必要です。ハブは，複数のケーブルを束ねる役割を果たし，機器を接続するためのコネクタ（ポート）がいくつかついています。ハブには，リピータハブとスイッチングハブという2種類があります。リピータハブは，ハブに来たデータを単純にすべてのポートに流します。

---

030 ○ 通信をするアクセスポイントと，パソコンやプリンタなどの端末は，同じ**SSID**を設定する必要があります。

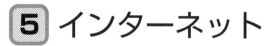

031 インターネットは，TCP／IPというプロトコルに基づいたネットワークである。

032 TCPは，OSI基本参照モデルの下から4番目のトランスポート層に相当する。

033 ドメイン名は，インターネット上に存在するコンピュータなどを識別するために付けられている名前であり，IPでは，IPアドレスをドメイン名に変換して通信が行われる。

034 DNSは，ネットワークに接続するコンピュータに自動的にIPアドレスを割り当てる。

035 TCP（Transmission Control Protocol）は，基本的にデータを送信するだけだが，IP（Internet Protocol）では，到着の確認やエラーの訂正などを行う。

036 WEBブラウザでインターネット上のWEBページを閲覧するとき，URLを指定するが，URLにはドメイン名を含む。

037 HTMLはWEBページを簡単に閲覧することができるプロトコルである。

038 IMAPは，メールを受信するときに使用されるプロトコルであり，すべてのメールがクライアントにダウンロードされる方式である。

関連項目 『スタートアップ！中小企業診断士超速習テキスト』 P184-185

解答・解説

031 ○ TCP／IPというプロトコル（約束事）に基づいて，世界中のネットワークをつないだものがインターネットです。

032 ○ TCPは，OSI基本参照モデルの**トランスポート層**に相当します。

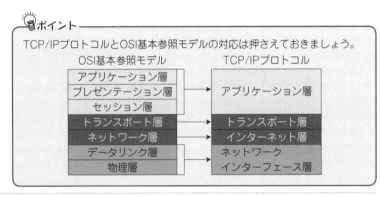

ポイント

TCP/IPプロトコルとOSI基本参照モデルの対応は押さえておきましょう。

OSI基本参照モデル　　　　　TCP/IPプロトコル

アプリケーション層	
プレゼンテーション層	アプリケーション層
セッション層	
トランスポート層	トランスポート層
ネットワーク層	インターネット層
データリンク層	ネットワーク
物理層	インターフェース層

033 × **ドメイン名**は，インターネット上に存在するコンピュータなどを識別するために付けられている名前ですが，人間にもわかりやすいように付けられているものです。IPでは，ドメイン名を**IPアドレス**に変換して通信が行われます。

034 × DNSは，**ドメイン名とIPアドレスを対応づけるプロトコル**です。ネットワークに接続するコンピュータに自動的にIPアドレスを割り当てるのは，**DHCP**です。

035 × TCPとIPの機能の記述が反対になっています。**IP**は，基本的にデータを送信するだけですが，**TCP**では，到着の確認やエラーの訂正などを行い通信を制御します。

036 ○ WEBページにアクセスする場合，URLは，「http://」ではじまり，**ドメイン名**や**パス名**などを含みます。

037 × HTMLは，プロトコルの1つではなく，**WEBページを作るための言語**です。WEBページを閲覧するときに使用するプロトコルは**HTTP**です。

038 × IMAPでは，受信者がクライアントにダウンロードするメールを選択できます。すべてのメールがクライアントにダウンロードされる方式を取るのは**POP**です。

科目4 経営情報システム

分野1 基礎技術

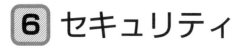

6 セキュリティ

1回 ／
2回 ／
3回 ／

039 会社で使用しているコンピュータがウイルスに感染したとき，感染し
□□□ たコンピュータのウイルス除去だけでなく，他のコンピュータも感染
していないか注意しなければならない。

040 ワンクリック詐欺は，WEBページ上にあるリンクをクリックすると，
□□□ クライアントのコンピュータに不正に侵入され重要情報が抜き取られ
て，それで詐欺を行うものである。

041 複数のサービスごとに個別のユーザID管理を行うと，管理者も利用
□□□ 者もその管理が煩雑になるため，シングルサインオンの仕組みを導入
すると効果的である。

042 ファイアウォールは，パケットフィルタリングという機能を持ってお
□□□ り，送受信するパケットを取捨選択することができる。

043 公開鍵暗号方式では，送信者は受信者の秘密鍵を使って暗号化し，受
□□□ 信者は送信者の公開鍵で復号化する。

関連項目 『スタートアップ！中小企業診断士超速習テキスト』　P186-187

解答・解説

039 ○ コンピュータウイルスは、一旦コンピュータが感染すると自分自身の複製を作って増殖し、他のコンピュータへ感染を広げることがあります。そのため、感染したコンピュータだけでなく、他のコンピュータに感染が広がっていないか確認・対処する必要があります。

040 × ワンクリック詐欺は、クライアントのコンピュータに不正に侵入するものではなく、クリックすると購入完了画面や料金請求画面を表示させて、料金支払いを促してだまし取ろうとするものです。

041 ○ シングルサインオンは、利用ユーザが一度認証を受けるだけで、アクセスを許可されているすべてのサービスを利用できるようにする仕組みです。複数システムを利用する際にIDやパスワードの管理が煩雑にならないようにするため効果があります。

042 ○ パケットには、宛先や送信元のIPアドレスが含まれており、この情報により、通してよいパケットは通過させ、許可されていないパケットは遮断します。

043 × 公開鍵暗号方式では、送信者は受信者の公開鍵を使って暗号化し、受信者は自分の**秘密鍵で復号化**します。公開鍵方式では、秘密鍵は受信者だけが持つことになります。

科目4 経営情報システム

分野1 基礎技術

科目4　経営情報システム　　分野2　経営情報管理

7 経営と
情報システム①

1回
2回
3回

044 ERPとは，生産，物流，会計など企業のさまざまな業務を統合して，
□□□ 企業全体としての最適化を図るソフトウェアパッケージの総称である。

045 CIO（Chief Information Officer）の役割は，全社的な観点から，経
□□□ 営戦略と整合のとれた情報戦略の立案や実行を担うことである。

046 TCOは，ハードウェアおよびソフトウェアを導入・稼働させるため
□□□ のコストの合計である。

047 基幹系システムで発生したデータを蓄積して，意思決定に活用できる
□□□ ようにしたデータベースをデータウェアハウスと呼ぶ。

048 EDI（Electronic Data Interchange）は，企業間で取引のデータを電
□□□ 子的に交換するための仕組みであり，インターネットではなく専用線
を使って行われる。

049 ソフトウェア開発環境やOSなどをネットワークを通じて利用できる
□□□ ようにしたサービスは，PaaS型クラウドコンピューティングである。

関連項目　『スタートアップ！中小企業診断士超速習テキスト』　P190-199

解答・解説

044 ○ 正しい記述です。なお，**BPR**を実現するために**ERP**パッケージを導入することがありますが，ERPを導入するだけでビジネスプロセスの改革ができるということではありません。

045 ○ 正しい記述です。近年では，経営戦略として情報システムをどのように活用していくかを検討する組織体制が必要になっています。**CIOは**，**経営戦略の観点から，情報戦略を立案し実行する責任者**です。CIOには，情報システムの知識だけでなく，企業経営の知識が必要です。

046 × イニシャルコストに関する記述です。情報システムの維持に関するコストが含まれていません。**TCOは**，**総所有コスト**のことであり，情報システムの導入と維持にかかるすべてのコストを指します。

047 ○ 正しい記述です。BI（Business Intelligence）は，企業に蓄積されたさまざまなデータを，意思決定などに活用するための仕組みや情報システムです。BIを実現するには，データウェアハウスやOLAP，データマイニングなどの技術を活用します。

048 × EDIは，**企業間で取引のデータを電子的に交換するための仕組み**です。受発注や見積り，決済，入出荷などの取引のデータを，標準化された形式で送受信します。近年では，専用線だけではなく，インターネットを使ったEDIが出てきています。

049 ○ 正しい記述です。

> **ポイント**
>
> **PaaS**（Platform as a Service）とは，ソフトウェアを構築・稼働させるためのプラットフォームをインターネット経由のサービスとして提供するものです。ソフトウェアの機能をインターネット経由で提供することを，**SaaS**（Software as a Service）と言います。また，サーバーマシンやインフラをネットワーク経由で仮想的に提供することを，**IaaS**（Infrastructure as a Service）と言います。

科目4 経営情報システム

分野2 経営情報管理

8 経営と情報システム②

1回
2回
3回

050 ビッグデータを活用して，企業がビジネスチャンスを発見することが
□□□ 期待されており，防災や科学技術分野での活用には向いていない。

051 IT統制は，ほかの内部統制の要素とは独立して存在する。
□□□

052 電子帳簿保存法（電子計算機を使用して作成する国税関係帳簿書類の
□□□ 保存方法等の特例に関する法律）に関して，電磁的記録として保存が
許されるための要件の1つに，記録事項の訂正および削除の履歴が確
保されていることがある。

053 実際に被害が発生しなくても，不正アクセス行為をするだけで不正ア
□□□ クセス禁止法違反となる。

054 氏名のみで，住所が記入されていない顧客情報は，個人情報に該当す
□□□ る。

関連項目 『スタートアップ！中小企業診断士超速習テキスト』 P190-199

解答・解説

050　×　ビッグデータは，ビジネスだけでなく，防災や科学技術，交通，医療，教育など**幅広い分野で活用が期待**されています。行政でもビッグデータの活用に期待を寄せています。

051　×　IT統制は，内部統制の評価項目の１つと位置づけられており，金融庁の「財務報告に係る内部統制の評価及び監査の基準」でも，「ITへの対応は，内部統制の他の基本的要素と必ずしも**独立に存在するものではない**」ことが記載されています。

> **ポイント**
>
> **内部統制**は，企業が違法行為やミスやエラーなどがなく，適切に管理されていることを監視・保証する仕組みです。日本では，金融商品取引法が2006年に制定され，2009年３月期から上場企業に対して内部監査報告書の提出が義務となりました。**IT統制**は，内部統制の評価項目の１つと位置づけられています。IT統制を行うためには，ITが適切に運用されているかや，法律を遵守しているかを監視し統制していく必要があります。

052　○　正しい記述です。不正などの疑いがある場合，処理の過程を追跡できるようにするため，**記録事項の訂正および削除の履歴が確保**されていることが要件の１つとなっています。

> **ポイント**
>
> 電子帳簿保存法は，以前は紙媒体で保存しておく必要があった国税関係の帳簿を，電子データとして保存することを認めた法律です。取引や会計に関するデータをCDやMO，磁気テープなどの媒体で保存することを認めます。

053　○　正しい記述です。被害の有無にかかわらず，不正アクセスをしたという事実があれば**不正アクセス禁止法違反**となります。

> **ポイント**
>
> 不正アクセス禁止法は，アクセス権限のない情報システムに，不正に侵入する行為を禁止する法律です。他人のIDやパスワードを盗んでなりすましてシステムに侵入したり，それ以外の不正な手段を使ってシステムに侵入することは犯罪となります。

054　○　経済産業省「個人情報の保護に関する法律についての経済産業分野を対象とするガイドライン」では，**氏名のみ**で「個人情報」となることが記載されています。

科目4 経営情報システム

分野2 経営情報管理

9 情報システムの開発

055　情報システムの開発では，ユーザ・インターフェースの設計の前にプ
□□□　ログラムの機能や処理内容の設計を行う。

056　情報システムの開発手法に関して，プロトタイピングでは，プロトタ
□□□　イプが問題ないことをユーザに確認してもらえば，その後に開発する
　　　本格的なシステムは問題なく稼働する。

057　WBSは，成果物を得るために必要な工程や作業について記述する。
□□□

058　EVMSでは，プロジェクトのすべての作業を金銭価値に置きなおし，
□□□　作業の進捗度を金額で表現することでプロジェクトの進捗状況を管理
　　　する。

059　システム要件は漏れなく明確化する必要があるため，未確定な部分が
□□□　あるときは決定を先送りすべきである。

060　UMLは，オブジェクト指向によるシステム開発の方法論である。
□□□

061　情報システムの設計で，ER図は，データ指向アプローチで用いられ
□□□　る図表であり，データ間の関連を描画する。

062　XP（エクストリーム・プログラミング）では，設計・開発・テスト
□□□　を繰り返して，システム開発を進めていく。

063　ホワイトボックステストでは，プログラムの入力と出力の関係に注目
□□□　してテストデータを作成する。

関連項目　『スタートアップ！中小企業診断士超速習テキスト』　P200-203

解答・解説

055 × **プログラムの機能や処理内容の設計**は内部設計で，**ユーザ・インターフェースの設計は外部設計**です。一般的に外部設計を先に，内部設計を後に行います。

056 × プロトタイピング（プロトタイプ型）は，プロトタイプが問題ないことをユーザに確認してもらいますが，その後に本格的なシステムを開発するプロセスでは**テスト**を行います。

057 ○ PMBOKのスコープマネジメントにて，**WBS**が取り上げられています。WBS（Work Breakdown Structure）とは，プロジェクトのすべての作業を階層構造で表したものです。

058 ○ EVMS（Earned Value Management System：出来高管理システム）とは，プロジェクトの進捗管理の方法で，**作業の工数を金額に換算する**点が特徴です。

059 × 要件は次の工程のインプットになるため，漏れなく明確化する必要がありますが，未確定な部分があるときは**先送りすることなく**，対象範囲として含めるもしくは含めないなどを決定すべきです。

060 × UMLは，オブジェクト指向アプローチのシステム開発における，**設計図の統一表記法**です。**システム開発に関する方法論は含まれていません。**

061 ○ 情報システムの設計アプローチには，**POA**（プロセス指向アプローチ），**DOA**（データ指向アプローチ），**OOA**（オブジェクト指向アプローチ）などがあります。DOAでは，データ構造をER図などの図表を使って表します。

062 ○ XPに代表されるアジャイル開発手法では，開発対象を多数の小さな機能に分割し，1つの反復（イテレーション）で1機能を開発します。イテレーションのサイクルを継続して行い，機能を追加開発していきます。各イテレーションの中では，**設計**，**開発**（コーディング），**テスト**といった工程を行います。

063 × プログラムの入力と出力の関係に注目してテストデータを作成するのは，ブラックボックステストです。

> **ポイント**
>
> **ホワイトボックステスト**は，プログラムの内部構造に注目して，プログラムが意図したとおりに動作しているかを確認するテストです。プログラムには，命令文や条件分岐などが含まれますが，それらについて漏れなく網羅的にテストを行います。
> **ブラックボックステスト**は，プログラムの入力と出力に注目して，さまざまな入力に対して，プログラムの仕様どおりの出力が得られるかを確認するテストです。その際，プログラム内部の動作は問題にしません。正常な入力を与えて検証するだけでなく，不正な入力を与えて，例外処理が正しく実行されるかについても検証します。

科目4 経営情報システム

分野2 経営情報管理

科目4　経営情報システム　分野2　経営情報管理

10 プログラム言語とWEBアプリケーション

1回　／
2回　／
3回　／

064 言語プロセッサは，ソースプログラムをオブジェクトプログラムに変
□□□ 換する。

065 インタプリタは，プログラムを1行ずつ機械語に翻訳しながら実行す
□□□ る。インタプリタ型のプログラム言語として代表的なものにCOBOL
がある。

066 手続型言語には，コンパイラ型とインタプリタ型の言語がある。
□□□

067 C言語は手続型，C++は非手続型であるが，どちらもオブジェクト指
□□□ 向言語である。

068 WEBアプリケーションでは，業務処理はサーバ側で実行し，クライ
□□□ アントはHTML文書を読み込み，その結果を画面に表示する。

069 JSPは，Javaによるサーバサイドアプリケーションを実現するための
□□□ テクノロジである。

070 JavaScriptは，Java言語で作成したプログラムをWEBブラウザで実
□□□ 行するものであり，WEBサーバ上からダウンロードして，WEBブラ
ウザ上で実行される。

071 HTMLで作成した文書は，バイナリファイルであるHTMLファイル
□□□ として保存される。

072 マークアップ言語に関して，XMLは，ネットワーク上でのデータ交
□□□ 換に使用され，電子商取引にも利用されている。

073 WEBサービスのメッセージをHTTPで交換する通信規約は，SOAP
□□□ である。

関連項目 『スタートアップ！中小企業診断士超速習テキスト』 P204-207

解答・解説

064 ○ 言語プロセッサは，プログラムをCPUで実行する際に，**プログラムを機械語に変換するソフトウェア**です。人間がプログラム言語で作成したプログラムを**ソースプログラム**，ソースプログラムを言語プロセッサで翻訳した後のプログラムのことを**オブジェクトプログラム**と呼びます。

065 × インタプリタは，プログラムを1行ずつ機械語に翻訳しながら実行しますが，COBOLはコンパイラ型のプログラム言語です。

066 ○ 手続型の言語では，処理の順番に沿って1つずつ命令を記述します。代表的な手続型言語には，COBOL，C言語，FORTRAN，BASICなどがあります。**COBOL，C言語，FORTRANはコンパイラ型**のプログラム言語であり，**BASICはインタプリタ型**のプログラム言語です。

067 × 非手続型の言語は，細かい処理手順をあまり意識せずに，実現したい機能を中心に記述します。代表的な非手続型言語には，**C++やJavaなどのオブジェクト指向言語**があります。C言語は手続型言語ですが，**オブジェクト指向言語ではありません**。

068 ○ WEBアプリケーションは，WEB上で実行されるアプリケーションであり，多くの場合，3階層の構成で実行されます。その階層は，WEBブラウザ，WEBサーバ，データベースです。業務処理は，WEBサーバ層やデータベース層にて行われます。

069 ○ WEBアプリケーションの3階層構成では，プログラムを**WEBブラウザ**で実行する方法と，**WEBサーバ**で実行する方法があります。プログラムをWEBサーバで実行する方法を**サーバサイドアプリケーション**，プログラムをクライアントのWEBブラウザで実行する方法を**クライアントサイドアプリケーション**と呼びます。

070 × **Java**アプレットの説明に関する記述です。なお，JavaScriptは，クライアントサイドアプリケーションで，構造は Java言語に似ていますが，Java言語との直接の関係はありません。

071 × HTMLで作成した文書は，**テキストファイル**として保存されます。そのため，テキストエディタで表示や編集が可能です。

072 ○ XMLは，独自のタグを作ることができる**マークアップ言語**です。HTML では，タグの意味はあらかじめ決まっていましたが，XML ではタグを自由に定義できることが特徴です。XML による電子商取引では，取引相手と共通のタグを使う必要があるため，多くの企業との取引をする場合は，あらかじめ業界で標準化されたタグがあると便利です。さまざまな業界で，XMLのタグの標準化をする取組みが行われています。

073 ○ SOAPは，プログラム同士がネットワーク経由でメッセージを交換するプロトコル（通信規約）であり，下位プロトコルとしてHTTPを利用することができます。

> 🔑**ポイント**
>
> WEBサービスは，インターネットに分散したアプリケーション同士を連携するための仕組みです。WEBサービスは，XML，SOAP，WSDL，UDDIの４つの技術から構成されています。
>
> ●XMLは，アプリケーション間でデータをやり取りする際に使用される言語です。
> ●SOAPは，アプリケーション間の通信を行うためのプロトコルです。
> ●WSDLは，WEBサービスのインタフェースを記述したものです。これは，WEBサービスの内容や入出力のデータ型などが書かれたXML文書となっています。
> ●UDDIは，WEBサービスを検索するためのシステムです。
>
> WEBサービスの技術について理解しておきましょう。

科目5

経済学・経済政策

1 効用と無差別曲線

1回 ／
2回 ／
3回 ／

001
□□□
消費者は，さまざまな好みを持っているため，財を購入する際には，自分の持っているお金の中から自分の好みに合った財の組み合わせを選んでいる。この好みのことを選好という。

002
□□□
消費者はなぜ財を購入するかというと，財を消費することによって，自己の満足度を高めているからである。この満足度のことを厚生という。

003
□□□
2つの財を消費することで得られる満足度は，2つの財の消費量に依存すると考えられ，満足度を U とし2つの財の消費量をそれぞれ，x，y と置くと，「$U = U(x, y)$」という式で表される。

004
□□□
不飽和の仮定を置くと，異なる無差別曲線においては，右上方の無差別曲線ほど効用水準が高くなる。

関連項目 『スタートアップ！中小企業診断士超速習テキスト』　P216-219

解答・解説

001 ○ 消費者は，例えば食べ物に関して，甘いものが好きだったり辛いものが好きだったりさまざまな好みを持っています。そのため，財を購入する際には，自分の持っているお金の中から自分の好みに合った財の組み合わせを選んでいます。経済学では，この好みのことを**選好**といいます。

002 × 消費者はなぜ財を購入するかというと，財を消費することによって，自己の満足度を高めているからです。この満足度のことを効用といいます。

003 ○ ２つの財を消費することで得られる効用は，２つの財の消費量に依存すると考えられます。ここで，２つの財の消費量をそれぞれ，x，yと置くと，効用Uは，「U＝U（x，y）」と表されます。この関数のことを，効用関数と呼びます。効用関数は，２つの財の消費量が与えられた時の，**消費者が感じる効用**を表します。

004 ○ 不飽和の仮定とは，財の消費量は多ければ多いほど好まれるという仮定のことをいいます。これは，**単調性の仮定**と呼ぶこともあります。不飽和の仮定を置くと，消費者にとって財の量が多いほど効用は高くなるため，異なる無差別曲線においては，右上方の無差別曲線ほど効用水準が高くなります。

🔆ポイント

無差別曲線とは，その消費者にとって同じ効用を与える財の組み合わせの軌跡のことをいいます。これは，グラフにおいて，同じ効用の点を結んだ曲線となります。財x，財yの消費量の組み合わせは無限にありますが，消費量の組み合わせをさまざまに変えたときに，効用が同じになる組み合わせを結んだのが無差別曲線です。
無差別曲線は，どういう仮定を置くかによって，その形状は異なります。**不飽和の仮定を置くと，右上方ほど効用水準が高くなります。**

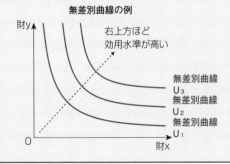

無差別曲線の例

2 予算制約線

1回 [　／]
2回 [　／]
3回 [　／]

005 予算制約線とは，消費者が所得（予算）の範囲内で購入することができる財の組み合わせを示した領域のことをいい，消費可能領域とは，予算のすべてを用いて購入することができる財の組み合わせを示すものをいう。

006 財x，yの価格をそれぞれPx，Pyとし，財x，yの消費量をそれぞれx，yとし予算をmとすると，予算制約線は，数式「$y = -\frac{Px}{Py}x + \frac{m}{Py}$」で表される。この予算制約線は，傾きは$-\frac{Px}{Py}$となるが，$\frac{Px}{Py}$は価格比を表す。

007 2財の価格が一定で所得のみが変化したとき，所得が増加した場合には，予算制約線は左下方に移動する。

関連項目 『スタートアップ！中小企業診断士超速習テキスト』 P220-221

解答・解説

005 × 　**予算制約線**とは，予算のすべてを用いて購入することができる**財の組み合わせ**を示すものをいいます。消費者が所得（予算）の範囲内で購入することができる財の組み合わせを示した領域のことは，消費可能領域といいます。

006 ○ 　財x，yの価格をそれぞれPx，Pyとし，財x，yの消費量をそれぞれx，yとし予算をmとすると，予算制約線は，次の式で表すことができます。

$$y = -\frac{Px}{Py}x + \frac{m}{Py}$$

この予算制約線は，傾きが$-\frac{Px}{Py}$，x軸との切片が$\frac{m}{Px}$，y軸との切片が$\frac{m}{Py}$の直線となります。$\frac{Px}{Py}$は2つの財の**価格比**を表しています。よって，記述は適切です。なお，切片とは，そのグラフがその軸を切り取る，すなわち交わる点の値のことです。

予算制約線

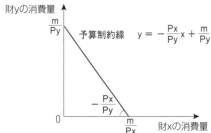

007 × 　2財の価格が一定で所得のみが変化したとき，2財の価格比は変化しないため，所得が変化した場合，新たな予算制約線は元の予算制約線と平行に移動します。ここで，所得が**増加**した場合には，消費可能領域が増大するように**予算制約線は右上方に移動**します。逆に，所得が減少した場合には，消費可能領域が減少するように予算制約線は左下方に移動します。

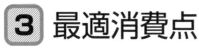

科目5 経済学・経済政策 / 分野1 ミクロ経済学

③ 最適消費点

1回 ☐ /
2回 ☐ /
3回 ☐ /

008
☐☐☐ 最適消費点とは，消費者の効用を最大にする財の消費の組み合わせを表すグラフ上の点のことをいう。

009
☐☐☐ 無差別曲線が原点に対して凸の右下がりの曲線で表される場合，最適消費点は，無差別曲線と予算制約線の接点となる。

010
☐☐☐ 無差別曲線が原点に対して凸の右下がりの曲線で表される場合，最適消費点では，無差別曲線の接線の傾きが予算制約線の傾きよりも大きくなる。

011
☐☐☐ 無差別曲線が原点に対して凸の右下がりの曲線で表される場合，最適消費点では，「限界代替率＝価格比」が成り立つ。

関連項目 『スタートアップ！中小企業診断士超速習テキスト』 P220-221

解答・解説

008 ○ 最適消費とは，消費者の**効用を最大にする財の消費の組み合わせ**のことをいいます。最適消費点とは，消費者の効用を最大にする財の消費の組み合わせを表すグラフ上の点のことをいいます。

009 ○ 無差別曲線が原点に対して凸の右下がりの曲線で表される場合，最適消費点は，**無差別曲線と予算制約線の接点**となります。

010 × 無差別曲線が原点に対して凸の右下がりの曲線で表される場合，**最適消費点**では，無差別曲線の接線の傾きと予算制約線の傾きが等しくなります。無差別曲線の接線の傾きが予算制約線の傾きよりも大きくなるのではありません。

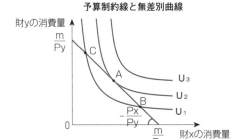

予算制約線と無差別曲線

上図のように，無差別曲線が原点に対して凸の右下がりの曲線で表される場合，最適消費点は，**無差別曲線と予算制約線の接点**となります。上図ではA点となります。また，最適消費点では，無差別曲線の接線の傾きと予算制約線の傾きが等しくなります。

011 ○ 無差別曲線の接線の傾きは**限界代替率**で表され，予算制約線の傾きは**価格比**で表されます。無差別曲線が原点に対して凸の右下がりの曲線で表される場合，最適消費点では，**無差別曲線の接線の傾きと予算制約線の傾きが等しくなる**わけですから，最適消費点では，「限界代替率＝価格比」が成り立ちます。

164

科目5　経済学・経済政策　分野1　ミクロ経済学

④ 需要曲線と需要の価格弾力性

1回 ⬜
2回 ⬜
3回 ⬜

012 需要曲線とは，他の財の価格と所得水準を一定としたときの，ある財
⬜⬜⬜ の価格と最適な消費量の関係を表す曲線のことをいう。

013 需要の価格弾力性は，価格を変化させたときの需要への反応の大きさ
⬜⬜⬜ を表すもので，価格を1％変化させたときに，需要額が何％変化する
かを示す。

014 直線で表される需要曲線の傾きが緩やかな場合は，価格を引き上げて
⬜⬜⬜ も，需要量はあまり減少しない。

015 直線で表される需要曲線の傾きが急な場合は，価格を引き上げると，
⬜⬜⬜ 需要量が大きく減少する。

016 需要の価格弾力性が高い場合，価格を引き下げることによって売上高
⬜⬜⬜ を増加させることができる。

関連項目 『スタートアップ！中小企業診断士超速習テキスト』 P222-225

165

解答・解説

012 ○ 需要曲線とは，他の財の価格と所得水準（予算）を一定としたときの，ある**財の価格と最適な消費量の関係を表す曲線**のことをいいます。需要曲線とは，ある財の価格が変化したとき，その財の需要量がどう変化するかを表す曲線です。需要曲線は，グラフの縦軸にある財の価格を，横軸にその財の需要量をとって描きます。

013 × 需要額ではなく，需要量が正しいです。需要の価格弾力性は，価格を1%変化させたときに，**需要量が何%変化するか**を示します。

ポイント

$$需要の価格弾力性 = \frac{需要量の変化率（\%）}{価格の変化率（\%）}$$

014 × 需要曲線の傾きが緩やかな場合は，価格を引き上げたときに，需要量が大きく減少します。このような状態を，**価格弾力性が高い**と言います。

015 × 需要曲線の傾きが急な場合は，価格を引き上げても，需要量はあまり減少しません。このような状態を，**価格弾力性が低い**と言います。

016 ○ 需要の価格弾力性が高い場合，当初の売上高（需要額）が，下の図の青色の線で囲まれた部分の面積で表されるとします。このとき，価格を引き下げると，売上高（需要額）は点線で囲まれた部分の面積で表されることになります。面積の大きさを比較すると，価格を引き下げた後のほうの売上高（需要額）が大きいことがわかります。逆に，価格を上昇させると，売上高（需要額）は減少することになります。

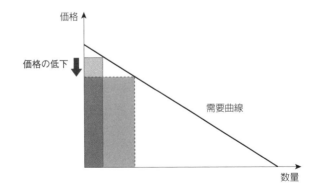

5 需要の所得弾力性・上級財と下級財

1回
2回
3回

017
□□□ 需要の所得弾力性は，需要量を1％上昇させたときに，所得が何％変化するかを示す。

018
□□□ 上級財は，所得が増加したとき需要量が増加し，所得が減少したとき需要量が減少する財のことをいい，需要の所得弾力性は1より大きい。

019
□□□ 下級財は，所得が増加したとき需要量が減少し，所得が減少したとき需要量が増加する財のことをいい，需要の所得弾力性は0より小さい。

020
□□□ 2つの財がともに上級財であるときも，1つの財が上級財でもう1つの財が下級財であるときも，いずれも所得消費曲線は右上がりとなる。

関連項目 『スタートアップ！中小企業診断士超速習テキスト』 P226-227

解答・解説

017 × 需要の所得弾力性は，所得を１％上昇させたときに，需要量が何％変化するかを示します。需要量を１％上昇させたときに，所得が何％変化するかではありません。経済学では，弾力性という言葉がよく使われます。ＡのＢ弾力性といった場合，Ｂを１％上昇させたときに，Ａが何％変化するかを示します。

018 × 上級財（正常財）とは，所得が増加したとき需要量が増加する財のことをいいます。需要の所得弾力性は「需要量の変化率÷所得の変化率」という計算式で求めます。所得が増加したときは**所得の変化率**がプラスの値となり，需要量が増加したときは**需要量の変化率**がプラスの値となりますので，プラスの値をプラスの値で割った需要の所得弾力性はプラスの値となり，**需要の所得弾力性は０より大きくなります**。需要の所得弾力性は１より大きいのではありません。需要の所得弾力性が１より大きいのは，上級財のうち奢侈財（しゃしざい）です。

019 ○ 下級財（劣等財）は，所得が増加したとき需要量が減少する財のことをいいます。需要の所得弾力性は「需要量の変化率÷所得の変化率」という計算式で求めます。所得が増加したときは「所得の変化率」がプラスの値となり，需要量が減少したときは「需要量の変化率」がマイナスの値となりますので，マイナスの値をプラスの値で割った需要の所得弾力性はマイナスの値となり，**需要の所得弾力性は０より小さくなります**。

020 × 所得消費曲線とは，２財の価格が一定である条件のもと，**所得のみの変化による最適消費点の軌跡を示した曲線**のことをいいます。２つの財がともに上級財であるとき，所得消費曲線は右上がりとなります。しかし，１つの財が上級財でもう１つの財が下級財であるときは，所得消費曲線は右下がりとなります。上級財は，所得が増加したとき需要量が増加し，所得が減少したとき需要量が減少する財であり，下級財は，所得が増加したとき需要量が減少し，所得が減少したとき需要量が増加する財だからです。図で示すと次のようになります。

科目5 経済学・経済政策

分野1 ミクロ経済学

所得消費曲線と所得弾力性

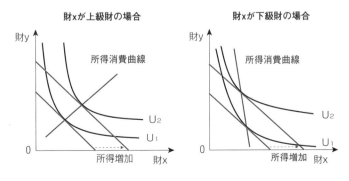

財xが上級財の場合 / 財xが下級財の場合

168

6 費用関数（費用曲線）

1回 □
2回 □
3回 □

021
□□□
生産量をx，費用をCとすると，費用関数Cは次のように表されるとする。

$$C = x^3 - 2x^2 + 6x + 3$$

この費用関数は，生産量がxであるとき，総費用が$x^3 - 2x^2 + 6x$であることを示している。

022
□□□
021の費用関数は，可変費用が$x^3 - 2x^2 + 6x + 3$であることを示している。

023
□□□
021の費用関数は，固定費用が3であることを示している。

024
□□□
021の費用関数は，生産量が0であるとき，費用がかからないことを示している。

関連項目 『スタートアップ！中小企業診断士超速習テキスト』 P228-229

解答・解説

021 × 設問文の費用関数は，生産量がxであるとき，総費用が x^3-2x^2+6x+3 であることを示しています。x^3-2x^2+6x ではありません。総費用は，可変費用と固定費用を合わせたものです。

022 × この費用関数の可変費用は，x^3-2x^2+6x です。x^3-2x^2+6x+3 ではありません。**可変費用**（VC：Variable Cost）とは，生産量に依存して増えていく費用のことをいうので，生産量 x の関数である x^3-2x^2+6x が可変費用です。

023 ○ **固定費用**（FC：Fixed Cost）とは，生産量に関係なく一定にかかる費用のことをいうので，生産量xに依存しない定数である3が固定費用です。

024 × 生産量x＝0を費用関数に代入すると，C＝3となり，固定費用3だけ費用がかかることになります。生産量が0であるとき，費用がかからないということにはなりません。

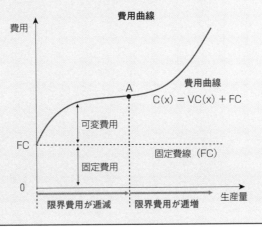

ポイント

費用関数とは，費用と生産量の関係を表した関数のことをいいます。費用関数は，次のように表すことができます。

総費用C（x）＝可変費用VC（x）＋固定費用FC

費用関数をグラフにすると，次の図のような**費用曲線**で表すことができます。

費用曲線

費用

$C(x) = VC(x) + FC$

A

費用曲線

可変費用

FC

固定費用線（FC）

固定費用

0

生産量

限界費用が逓減 ｜ 限界費用が逓増

科目5 経済学・経済政策

分野1 ミクロ経済学

科目5　経済学・経済政策　　分野1　ミクロ経済学

7 限界費用

1回 　／
2回 　／
3回 　／

025 限界費用とは，消費者が消費量を1単位追加するときに増加する効用
□□□ （満足度）のことをいう。

026 限界費用は，グラフにおいては，原点と費用曲線の点を結んだ直線の
□□□ 傾きと等しくなる。

027 費用曲線がS字型で表される場合，生産量を増やせば増やすほど費用
□□□ は増加するため，限界費用は生産量に従って増加する。

028 費用曲線がS字型で表される場合，生産量の水準が低いときは限界費
□□□ 用が逓減し，生産量の水準が高くなると限界費用は逓増する。

関連項目 『スタートアップ！中小企業診断士超速習テキスト』 P230-231

【解答・解説】

025 ×　限界費用（MC：Marginal Cost）とは，生産量を1単位追加するときに増加する費用のことをいいます。消費者が消費量を1単位追加するときに増加する効用（満足度）のことをいうのは，**限界効用**です。

ポイント

> 限界費用は，**費用曲線の接線の傾き**と等しくなり，数式上では，**費用関数を微分**したものになります。次の上図のように，費用曲線がS字型で表される場合，この限界費用は，次の下図のようなグラフで表されます。この曲線を，**限界費用曲線**と呼びます。
>
>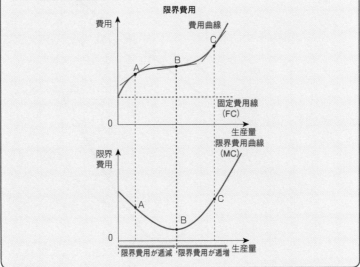

026 ×　**限界費用**は，グラフにおいては，費用曲線の接線の傾きと等しくなります。原点と費用曲線の点を結んだ直線の傾きと等しくなるのは，**平均費用**です。

027 ×　費用曲線がS字型で表される場合，生産量を増やせば増やすほど費用は増加します。しかし，生産量を1単位増やしたときに増える費用の増加分は，生産量によって異なります。生産量が低い水準のときは，生産量を増やせば増やすほど限界費用が増加する状況ではなく，限界費用は逓減しています。なお，逓減とは，変化分がだんだん小さくなることをいいます。

028 ○　上記の図のように費用曲線がS字型で表される場合，生産量が0からB点の水準に達するまでは限界費用は逓減し，生産量がB点よりも高くなると限界費用は逓増します。なお，逓増とは，変化分がだんだん大きくなることをいいます。

科目5 経済学・経済政策 / 分野1 ミクロ経済学

8 利潤最大化

次の図は，完全競争市場におけるある企業の利潤最大化を表したものである。ここで，TRは総収入，TCは総費用，xは生産量，MCは限界費用，Pは価格，ACは平均費用であり，この企業の利潤を最大にする生産量はx^*である。

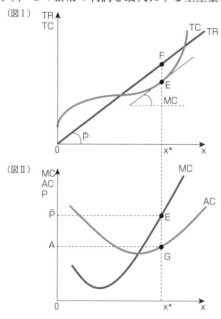

(図I)

(図II)

---

029 この企業の利潤最大化条件は「価格＝平均費用」であり，図IIでは利潤は四角形 $0AGx^*$ で表される。

---

030 この企業の利潤最大化条件は「価格＝限界費用」であり，図IIでは利潤は四角形 $A\bar{P}EG$ で表される。

---

031 この企業の利潤最大化条件は「価格＝平均費用」であり，図Iでは利潤は線分FEで表される。

---

032 この企業の利潤最大化条件は「価格＝限界費用」であり，図Iでは利潤は線分FEで表される。

関連項目 『スタートアップ！中小企業診断士超速習テキスト』 P232-233

【解答・解説】

029 × 030 ○ 031 × 032 ○

　完全競争市場における企業の利潤を最大にする生産量は，価格と限界費用が等しい水準で決定されます。すなわち，利潤最大化条件はP（価格）＝MC（限界費用）となります。

　次の図Ⅰにおいて，利潤最大化条件P（価格）＝MC（限界費用）を満たす点は，E点で，生産量はx*となります。生産量がx*のとき，総収入は線分Fx*，総費用は線分Ex*で表されます。**利潤＝総収入TR－総費用TCですので，このとき，利潤は線分FEで表されます。**

　次の図Ⅱにおいて，利潤最大化条件P（価格）＝MC（限界費用）を満たす点は，E点で，生産量はx*となります。生産量がx*のとき，総収入は四角形O P̄Ex*，総費用は四角形O AGx*で表されます。**利潤＝総収入TR－総費用TCですので，利潤は四角形AP̄EGで表されます。**

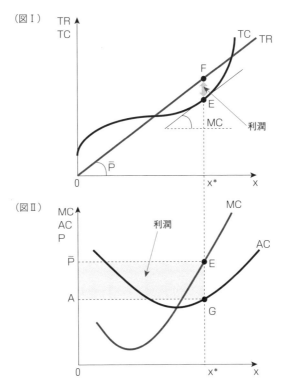

（図Ⅰ）

（図Ⅱ）

科目5　経済学・経済政策

分野1　ミクロ経済学

科目5 経済学・経済政策 | 分野1 ミクロ経済学

9 損益分岐点と操業停止点

1回 ／
2回 ／
3回 ／

次の図は，完全競争市場において，ある企業の平均費用曲線AC，限界費用曲線MC，平均可変費用曲線AVCを表したものである。

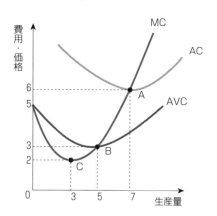

033 この企業の損益分岐点はA点であり，価格が6のとき利潤はプラスとなる。
□□□

034 この企業の損益分岐点はB点であり，価格が3のとき利潤はゼロとなる。
□□□

035 この企業の操業停止点はB点であり，価格が3を下回るとこの企業は生産をしない。
□□□

036 この企業の操業分岐点はC点であり，価格が2を下回るとこの企業は生産をしない。
□□□

関連項目 『スタートアップ！中小企業診断士超速習テキスト』 P234-235

解答・解説

033 × この企業の損益分岐点はA点であり，価格が6のとき利潤はゼロとなります。プラスとはなりません。**損益分岐点**とは，利潤がゼロになる点です。グラフにおいては，**平均費用曲線ACの最低点**，**平均費用曲線ACと限界費用曲線MCとの交点**，**総収入と総費用が一致する価格と生産量を表す点**です。価格が6を超えると，この企業の利潤はプラスになります。

034 × この企業の損益分岐点はA点です。B点ではありません。

035 ○ この企業の操業停止点はB点であり，価格が3を下回るとこの企業は生産をしません。なぜなら，生産をするほうがしないより赤字が大きくなってしまうからです。**操業停止点**とは，企業が生産活動をやめてしまう点です。グラフにおいては，**平均可変費用曲線の最低点**，**平均可変費用曲線と限界費用曲線との交点**，**総収入と総可変費用が一致する価格と生産量を表す点**です。

036 × この企業の操業停止点はB点です。C点ではありません。

📝ポイント

●損益分岐点：利潤がゼロになる点
〈グラフ〉平均費用曲線ACの最低点
　　　　　平均費用曲線ACと限界費用曲線MCとの交点
　　　　　総収入と総費用が一致する価格と生産量を表す点
〈数　式〉AC（平均費用）＝MC（限界費用）
〈特　徴〉この点で表される価格水準を上回る価格のとき→プラスの利潤
　　　　　この点で表される価格水準を下回る価格のとき→マイナスの利潤（損失）

●操業停止点：企業が生産活動をやめてしまう点
〈グラフ〉平均可変費用曲線の最低点
　　　　　平均可変費用曲線と限界費用曲線との交点
　　　　　総収入と総可変費用が一致する価格と生産量を表す点
〈数　式〉AVC（平均可変費用）＝MC（限界費用）
〈特　徴〉この点で表される価格水準を下回る価格のとき→企業は操業を停止する

科目5 経済学・経済政策 | 分野1 ミクロ経済学

10 供給曲線

1回 ☐
2回 ☐
3回 ☐

次の図は，完全競争市場において，ある企業の平均費用曲線AC，限界費用曲線MC，平均可変費用曲線AVCを表したものである。

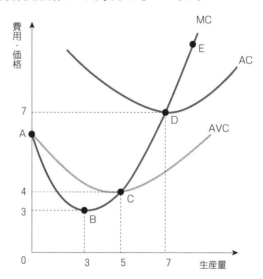

037 この企業の供給曲線は，A点〜E点までの5つの点のうち，D点・E点
☐☐☐ の2つの点を通り，生産量は7以上となる。

038 この企業の供給曲線は，A点〜E点までの5つの点のうち，C点・D
☐☐☐ 点・E点の3つの点を通り，生産量は5以上となる。

039 この企業の供給曲線は，A点〜E点までの5つの点のうち，B点・C
☐☐☐ 点・D点・E点の4つの点を通り，生産量は3以上となる。

040 この企業の供給曲線は，A点〜E点までの5つの点のうち，A点・B
☐☐☐ 点・C点・D点・E点をすべて通り，生産量は0以上となる。

関連項目 『スタートアップ！中小企業診断士超速習テキスト』 P236-237

解答・解説

037 × **038** ○ **039** × **040** ×

供給曲線とは，ある財の価格が変化したとき，その財の供給量がどう変化するか
を表す曲線のことをいいます。供給曲線は，企業の利潤最大化行動から導出され
ます。

次の図のように，この企業の操業停止点はC点であり，このときの生産量は5，
価格は4です。企業が利潤最大化行動をとったとき，操業停止点から右側の限界
費用曲線が供給曲線となるので，この企業の供給曲線は，A点〜E点までの5つ
の点のうち，C点・D点・E点の3つの点を通ります。図では，供給曲線は青線
で示されます。このとき，価格は4以上でなければ生産せず，この企業の生産量
は5以上となります。

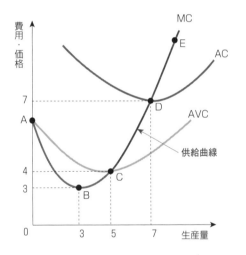

科目5
経済学・経済政策

分野1
ミクロ経済学

⑪ ナッシュ均衡

1回 ／
2回 ／
3回 ／

次の表は，両企業の戦略に応じた両企業の利潤を示したものである。ここで，表の（　）内の左の数値は企業Aの利潤を，右側の数値は企業Bの利潤を表している。いま，企業A，企業Bの2つの企業からなる複占市場において，各企業は相手企業がとる戦略を知っており，その時点における相手企業の戦略を不変と考え，自社の利潤をできるだけ高めようとして戦略Ⅰと戦略Ⅱのいずれかの戦略をとるものとする。

企業Bの戦略 企業Aの戦略	戦略Ⅰ	戦略Ⅱ
戦略Ⅰ	(10, 10)	(10, 14)
戦略Ⅱ	(18, 13)	(12, 15)

041 ナッシュ均衡は，企業Aが戦略Ⅰをとり，企業Bが戦略Ⅰをとる組み合わせである。

042 ナッシュ均衡は，企業Aが戦略Ⅰをとり，企業Bが戦略Ⅱをとる組み合わせである。

043 ナッシュ均衡は，企業Aが戦略Ⅱをとり，企業Bが戦略Ⅰをとる組み合わせである。

044 ナッシュ均衡は，企業Aが戦略Ⅱをとり，企業Bが戦略Ⅱをとる組み合わせである。

関連項目 『スタートアップ！中小企業診断士超速習テキスト』 P238-239

解答・解説

041　×　042　×　043　×　044　○

💡ポイント

競合企業間の行動を研究する学問として，ゲーム理論があります。
ナッシュ均衡とは，双方のプレーヤーがとる戦略が，それぞれの最適反応
戦略になっている戦略の組み合わせのことを言います。つまり，「**相手が選
ぶ戦略に対して，自分が最適の反応をしている**」という状態が，すべての
プレーヤーで成り立つ状態です。

まず，企業Aについて考えてみましょう。企業Bが戦略Ⅰをとった場合，企業A
が戦略Ⅰをとると自社の利潤が10となり，企業Aが戦略Ⅱをとると自社の利潤
は18となるので，企業Aは利潤の大きい戦略Ⅱをとることになります。企業Bが
戦略Ⅱをとった場合，企業Aが戦略Ⅰをとると自社の利潤が10となり，企業Aが
戦略Ⅱをとると自社の利潤は12となるので，企業Aは利潤の大きい戦略Ⅱをと
ることになります。よって，企業Aは戦略Ⅱをとることになります。

次に，企業Bについて考えてみましょう。企業Aが戦略Ⅰをとった場合，企業B
が戦略Ⅰをとると自社の利潤が10となり，企業Bが戦略Ⅱをとると自社の利潤
は14となるので，企業Bは利潤の大きい戦略Ⅱをとることになります。企業Aが
戦略Ⅱをとった場合，企業Bが戦略Ⅰをとると自社の利潤が13となり，企業Bが
戦略Ⅱをとると自社の利潤は15となるので，企業Bは利潤の大きい戦略Ⅱをと
ることになります。よって，企業Bは戦略Ⅱをとることになります。

そのため，ナッシュ均衡は，企業Aが戦略Ⅱをとり，企業Bが戦略Ⅱをとる組み
合わせとなります。

科目5　経済学・経済政策

分野1　ミクロ経済学

⑫ GDP

1回
2回
3回

045 GDPとは，ある一定期間で，国民が生み出した付加価値の総額のこ
□□□ とをいう。

046 GDPは，GNPに海外からの要素所得受取りを加え，海外への要素所
□□□ 得支払いを控除して求められる。

047 日本人の大学教授が，海外の大学で講演会をすることによって得た所
□□□ 得は，日本のGDPに集計される。

048 個人が所有していた土地を5,000万円で販売し，その取引を仲介した
□□□ 不動産業者に5％の手数料を支払った場合，この取引による土地の代
金および仲介手数料はGDPに計上される。

049 個人が所有していた絵画を1,000万円で販売し，仲介手数料として画
□□□ 商に取引金額の5％を支払った場合，仲介手数料の50万円はGDPに
は計上されない。

050 GDPには，市場で取引されるものがすべて計算されるわけではなく，
□□□ 各産業の生産額から原材料などの中間投入額を差し引いた付加価値だ
けが計上される。

051 企業に勤めているサラリーマンが自宅の庭で野菜を栽培し，それを自
□□□ 分で消費する場合，自家消費分としてGDPに計上される。

関連項目 『スタートアップ！中小企業診断士超速習テキスト』　P244-249

解答・解説

045 × GDP（Gross National Product，国内総生産）とは，ある一定期間で，国全体で新たに生み出された**付加価値の総額**のことをいいます。ある一定期間で，国民が生み出した付加価値の総額は，GNPです。**国内**という考え方は，**経済主体の国籍は問わず，生産活動の場が一国内である**ことを表します。例えば，外国企業の在日子会社は，日本の国内領土において生産活動を行っていますので，それらの経済活動は日本の国内総生産（GDP）に含まれます。これに対して，日本企業の海外支店は日本の国内領土において生産活動を行っていませんので，その経済活動は日本の国内総生産（GDP）に含まれません。

046 × 記述は，GDPとGNPが逆です。GNPは，GDPに海外からの要素所得受取りを加え，海外への要素所得支払いを控除して求められます。**要素所得**というのは，労働者や資産などの生産要素が生み出す所得のことです。

> 🔦ポイント
>
> ●**国内総生産（GDP）**：ある一定期間で，国全体で新たに生み出された付加価値の総額
> ●**国民総生産（GNP）**：ある一定期間で，国民が生み出した付加価値の総額
>
> **GNP＝GDP＋海外からの要素所得受取り－海外への要素所得支払い**

科目5 経済学・経済政策

分野2 マクロ経済学

047 × 日本人の大学教授が，海外の大学で講演会をすることによって得た所得は，日本のGNPには集計されますが，日本の**GDPには集計されません**。

048 × 土地の売却代金はGDPに計上されません。なぜなら，土地の売却額は新たに生産した付加価値ではないからです。ただし，土地売買の仲介手数料はGDPに計上されることに注意しましょう。

049 × GDPの計算においては，生産活動によって生み出された価値以外のものは除外します。よって，絵画や株式の代金はGDPに計上されません。しかし，仲介というサービスを提供した対価である仲介手数料についてはGDPに計上されます。

050 ○ GDPには，市場で取引されるものがすべて計算されるわけではなく，各産業の生産額から原材料などの中間投入額を差し引いた付加価値だけが計上されます。これにより二重計上を回避することができます。

051 × 農家は農産物を栽培しこれを販売して収入を得ることが生業（なりわい）ですので，帰属計算として，農産物の自家消費分は市場で取引されなくてもその金額がGDPに計上されます。しかし，企業に勤めているサラリーマンが自宅の庭で野菜を栽培した場合，これを販売して収入を得ることを目的としたものではないので，それを自分で消費したものはGDPに計上されません。

13 三面等価の原則

052
□□□
国内総生産の三面等価の原則とは，国内総生産は生産，分配，支出の3つの面から計算することができ，これらはいつでも必ず一致するというものである。

053
□□□
生産面から見ると，国内総生産は，財・サービスの生産額から生産のための原材料等として使用された財・サービスの中間投入額を控除して求められる。

054
□□□
所得を集計する分配面から見ると，国内総生産は，国内総所得と等しくなる。

055
□□□
最終需要を集計する支出面から見ると，国内総生産は，「国内総生産＝（民間消費支出＋固定資本形成＋在庫品増加＋政府支出）＋（輸出－輸入）」という計算式で表される。

関連項目 『スタートアップ！中小企業診断士超速習テキスト』 P250-251

解答・解説

052 ✕ 国内総生産の三面等価の原則とは，国内総生産は生産，分配，支出の３つの面から計算することができ，それらは統計上，事後的に，必ず一致するという原則のことをいいます。いつでも一致するというわけではありません。「統計上，事後的に」という点に注意しましょう。需要と供給が一致するとすれば，**需要である支出面から見たGDPは，供給である生産面から見たGDP**と等しくなります。しかし，実際の経済では，需要と供給が常に一致するとは限りません。そこで，国民経済計算では，需要と供給が一致しないときは，事後的に差額を在庫品増加の項目で調整するという決まりがあります。よって，統計上，事後的に，支出面から見たGDPも生産面から見たGDPと等しくなります。

053 ◯ 生産面から見ると，国内総生産（GDP）は，財・サービスの生産額から生産のための原材料等として使用された財・サービスの中間投入額を控除して求められます。これは，付加価値額を集計したものです。**GDP＝総生産額－中間投入額**という計算式で表されます。

054 ◯ 賃金や利潤等の分配された所得を集計する分配面から，国内総生産（GDP）は，国内総所得（GDI）と等しくなります。これは，**GDP＝GDI＝雇用者報酬＋営業余剰・混合所得＋（間接税－補助金）**という計算式で表されます。生産の場で各生産主体が生み出した付加価値は，生産に参加した者に必ず分配されるので，生産と所得は常に等しくなります。

055 ◯ 最終需要を集計する支出面から，国内総生産（GDP）は，国内総支出（GDE）と等しくなります。これは，**GDP＝GDE＝（民間消費支出＋固定資本形成＋在庫品増加＋政府支出）＋（輸出－輸入）**という計算式で表されます。

> **ポイント**
>
> 国内総生産の三面等価の原則とは，国内総生産は生産，分配，支出の３つの面から計算することができ，それらは統計上，事後的に，必ず一致するという原則のことを言います。
>
> 〈生産面〉　　　〈分配面〉　　　〈支出面〉
> 国内総生産（GDP）≡国内総所得（GDI）≡国内総支出（GDE）
>
> ●**生産面から見たGDP**：国内総生産（GDP）＝総生産額－中間投入額
> 　＝付加価値額
> ●**分配面から見たGDP**：国内総所得（GDI）＝雇用者報酬＋営業余剰・混合所得＋（間接税－補助金）
> ●**支出面から見たGDP**：国内総支出（GDE）＝（民間消費支出＋固定資本形成＋在庫品増加＋政府支出）＋（輸出－輸入）

科目5 経済学・経済政策
分野2 マクロ経済学

⑭ 総需要

1回 ☐／
2回 ☐／
3回 ☐／

総需要をD，消費支出をC，投資支出をI，政府支出をG，財・サービスの輸出をEX，財・サービスの輸入をIM，国民所得をY，限界消費性向をc，基礎消費をC0とする。ここで，投資支出，政府支出，純輸出が一定であり，消費支出はケインズ型消費関数 C＝cY＋C0で表されるとする。

056 総需要Dは，「D＝C＋I＋G＋（EX＋IM）」という数式で表される。
☐☐☐

057 総需要曲線は，傾きが限界消費性向c，縦軸切片がC0＋I＋G＋（EX－
☐☐☐ IM）の右上がりの直線となる。

関連項目 『スタートアップ！中小企業診断士超速習テキスト』 P252-253

解答・解説

056　×　総需要Dは，次の式で表されます。

$$D=C+I+G+(EX-IM)$$

（EX－IM）は純輸出です。これは，（EX＋IM）ではありません。

・・

057　○　総需要曲線を表す総需要関数Dは，「$D=cY+C0+I+G+(EX-IM)$」です。したがって，総需要曲線は，傾きが限界消費性向c，縦軸切片がC0+I+G+（EX－IM）の右上がりの直線となります。

> **ポイント**
>
> 総需要（AD：Aggregate demand）とは，財市場における国全体の需要のことをいいます。
> 投資支出（I），政府支出（G），純輸出（EX－IM）が一定であり，消費（C）はケインズ型消費関数 $C=cY+C0$（Y：国民所得，c：限界消費性向，C0：基礎消費）で表されるとすると，総需要関数Dは，次の式で表されます。
>
> $$D=cY+C0+I+G+(EX-IM)$$
>
> C0+I+G+（EX－IM）の部分は一定ですので，これをAと置くと，総需要関数は，次の式で表されます。
>
> $$D=cY+A$$
>
> グラフで表すと，次の図のように，総需要曲線は，**傾きが限界消費性向c，縦軸切片がA（＝C0+I+G+（EX－IM））の右上がりの直線**となります。
>
>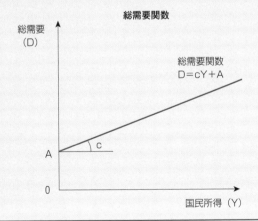
>
> **総需要関数**

科目5　経済学・経済政策

分野2　マクロ経済学

15 総供給

1回
2回
3回

058 総供給とは，ある財の国全体の供給のことをいい，これはある財の国
□□□ 全体の生産の総額であり，ある財の国全体の生産活動の大きさを表す。

059 総供給をS，消費支出をC，国民所得をYとすると，総供給関数は，「S
□□□ ＝Y－C」という数式で表される。

060 消費支出をCとすると，総供給曲線は，傾きが45度，縦軸切片がCの
□□□ 右上がりの直線となる。

061 セイの法則とは，「供給はそれ自身の需要を創造する」といわれるも
□□□ のである。

関連項目 『スタートアップ！中小企業診断士超速習テキスト』 P254-255

解答・解説

058 × 総供給（AS）とは，財市場における国全体の供給のことをいいます。これはすべての財の国全体の生産の総額であり，すべての財に対する企業の生産活動の大きさを表します。すべての財についてであって，ある財に特定されるものではありません。

💡**ポイント**

総供給をS，国民所得をYとすると，総供給関数Sは，次のように表されます。

$S=Y$

グラフで表すと，総供給曲線は原点を通る傾きが45度の右上がりの直線となります。

総供給関数

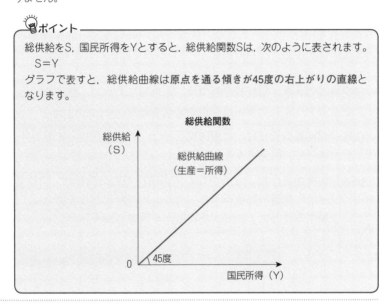

総供給
（S）

総供給曲線
（生産＝所得）

0 45度

国民所得（Y）

科目5
経済学・経済政策

分野2
マクロ経済学

059 × 総供給は，財市場における国全体の供給のことです。マクロ経済学では，**生産されたもの＝所得**として分配されたものとして捉えるため，総供給は国内総所得（GDI）に等しくなります。よって，総供給をS，国民所得をYとすると，総供給関数Sは，**S＝Y**という式によって表されます。

060 × 総供給曲線を表す総供給関数の計算式は，**S＝Y**です。したがって，**総供給曲線は，原点を通る傾きが45度の右上がりの直線**となります。縦軸切片は原点であり，Cではありません。

061 ○ セイの法則とは，**供給はそれ自身の需要を創造する**といわれるものです。これは，市場において，需要と供給が一致しないときは価格調整が行われるということを前提にしています。供給が増え超過供給になっても，必ず価格が下がり，結果として，需要が増え，需要と供給は一致すると考えます。そのため，需要（あるいは国民所得）を増やすには，供給を増やせばよいということになります。

16 45度線分析

1回
2回
3回

総需要をD，総供給をS，消費支出をC，投資支出をI，政府支出をG，財・サービスの輸出をEX，財・サービスの輸入をIM，国民所得をY，限界消費性向をc，基礎消費をC0とする。ここで，投資支出，政府支出，純輸出が一定であり，消費支出はケインズ型消費関数 C＝cY＋C0で表されるとする。

062　このとき，45度線分析では，財市場において，総供給が総需要を上回
□□□　るように，均衡国民所得が決定される。

063　45度線分析では，均衡国民所得は，総供給曲線と総需要曲線の交点に
□□□　よって，決定される。

064　均衡国民所得よりも少ない国民所得だった場合は，供給量は減少し，
□□□　逆に，均衡国民所得よりも大きい国民所得だった場合は，供給量は増
　　　加することによって，不均衡から調整される。

関連項目　『スタートアップ！中小企業診断士超速習テキスト』 P254-255

解答・解説

062 ×　45度線分析では，財市場において，総需要と総供給が一致するように，均衡国民所得が決定されます。総供給が総需要を上回るようにではありません。均衡国民所得は，財市場が均衡しているときの国民所得のことです。均衡というのは，需要と供給が一致していることをいいます。

063 ○　45度線分析では，均衡国民所得は，**総供給曲線と総需要曲線の交点**によって，決定されます。

064 ×　減少と増加が逆です。均衡国民所得よりも少ない国民所得だった場合は，総需要が総供給を上回っています。この場合は，供給側の企業はもっと生産すれば売れる状態となります。よって，企業は供給量を増加しようとします。逆に，均衡国民所得よりも大きい国民所得だった場合は，総供給が総需要を上回っています。この場合は，市場で売れ残りが生じています。よって，企業は供給量を減少しようとします。このように，供給側が供給量を調整することで，国民所得が均衡国民所得に近づくように調整されていきます。

💡ポイント

総需要関数と総供給関数を重ねたものが**45度線分析**となります。45度線分析では，財市場において，**総需要と総供給が一致するように，均衡国民所得**が決定されます。

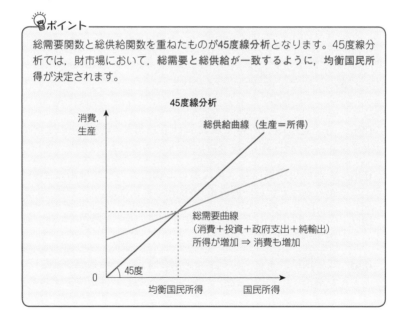

45度線分析

消費，生産

総供給曲線（生産＝所得）

総需要曲線
（消費＋投資＋政府支出＋純輸出）
所得が増加 ⇒ 消費も増加

45度

0

均衡国民所得　　　国民所得

科目5　経済学・経済政策

分野2　マクロ経済学

科目5　経済学・経済政策 / 分野2　マクロ経済学

17 インフレギャップ・デフレギャップ

1回 ▱
2回 ▱
3回 ▱

次の図は，縦軸に総需要YD，総供給YSをとり，横軸に国民所得Yをとって，現実の総需要曲線YD1，総供給曲線YS，完全雇用国民所得をYFとして表したものである。

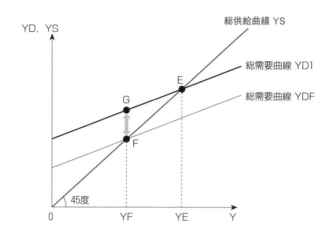

065 完全雇用国民所得水準における総需要の超過分のことを，デフレ
☐☐☐ ギャップといい，線分FGの長さで表される。

066 完全雇用国民所得水準における総需要の不足分のことを，インフレ
☐☐☐ ギャップといい，線分FGの長さで表される。

067 この図はデフレギャップが存在している状態を示しており，非自発的
☐☐☐ 失業が発生している。

068 この図は，インフレギャップが存在している状態を示しており，これ
☐☐☐ を解消するには，政府支出の削減，あるいは増税をする必要がある。

関連項目 『スタートアップ！中小企業診断士超速習テキスト』 P258-259

解答・解説

---

065 × 　完全雇用国民所得水準における総需要の超過分のことは，インフレギャップといいます。デフレギャップではありません。45度線分析により，総需要曲線YD1と総供給曲線YSとの交点Eで財市場が均衡し，均衡国民所得がY1に決定されます。ここで，完全雇用国民所得がYFであるとすると，完全雇用国民所得よりも高い水準で財市場が均衡することになります。このとき，完全雇用国民所得水準YFにおける総需要の超過分のことを，インフレギャップといいます。この図では，インフレギャップは線分FGの長さで表されます。

---

066 × 　完全雇用国民所得水準における総需要の不足分のことを，デフレギャップといいます。インフレギャップではありません。

---

067 × 　この図はインフレギャップが存在している状態を示しており，インフレーションが引き起こされることになります。デフレギャップが存在している状態を示しているわけではありません。

---

068 ○ 　この図はインフレギャップが存在している状態を示しています。このインフレギャップの解消のためには，総需要を引き下げることが必要です。政府が総需要を縮小させ，総需要を現実のYD1からYDFに下方にシフトさせれば，均衡点はF点となり，インフレーションを発生させずに完全雇用水準で財市場を均衡させることができます。このような政府による政策を，総需要引締政策といいます。具体的には，政府支出を削減する，あるいは増税を実施することになります。

> **ポイント**
>
> ●インフレギャップ
> 完全雇用国民所得を均衡国民所得が上回るケースにおいて，完全雇用国民所得水準における総需要が総供給を上回る部分。完全雇用国民所得とは，完全雇用が実現されているもとで達成される国民所得の水準のこと。
> 〈現　象〉物価が上昇してインフレーションが引き起こされる
> 〈解消策〉総需要引締政策（政府支出の削減，あるいは増税）
>
> ●デフレギャップ
> 完全雇用国民所得を均衡国民所得が下回るケースにおいて，完全雇用国民所得水準における総需要が総供給を下回る部分。
> 〈現　象〉非自発的失業が引き起こされる
> 〈解消策〉総需要拡大政策（政府支出の増大，あるいは減税）

科目5 経済学・経済政策

分野2 マクロ経済学

科目6

経営法務

194

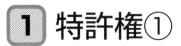

1 特許権①

1回 ／
2回 ／
3回 ／

001 機械や装置だけでなく，それらの製造方法も特許の対象となりうる。
□□□

002 ニュートンの万有引力のような発見も特許の対象となりうる。
□□□

003 日本では，最初に出願した者に権利を与える先願主義を採用している。
□□□

004 個人的にしか利用できないもので，産業の発展に貢献しないような発
□□□ 明は，特許の対象にならない。

005 特許の取得手続において，方式審査が終了して出願日から1年6カ月
□□□ が経つと出願公開となり，出願した発明の内容が特許公報に掲載され
る。

006 特許の実体審査は，審査請求を提出することで開始されるが，審査請
□□□ 求が出願から3年間なかった場合は，自動的に実体審査が行われる。

007 特許の実体審査の結果である査定には，許可査定と拒絶査定があり，
□□□ 許可査定は，審査に合格したことを意味している。

008 特許の実体審査の拒絶査定に対して，拒絶査定不服審判を起こしても
□□□ 拒絶理由が解消されなかった場合，地方裁判所に審決取消訴訟を提起
することができる。

関連項目 『スタートアップ！中小企業診断士超速習テキスト』 P268-273

解答・解説

001 ○ 特許法で言う発明における**技術的思想の創作**には，物の発明だけではなく，**方法の発明**も含まれます。

> **ポイント**
>
> 特許法では，発明について「自然法則を利用した技術的思想の創作のうち高度なもの」と定義されています。

002 × 特許法で言う発明とは，**自然法則を利用した技術的思想の創作**である必要がありますので，自然法則の発見そのものは対象にはなりません。

003 ○ 正しい記述です。なお，先に発明した者に権利を与えるという考え方を**先発明主義**と呼びます。

004 ○ 特許の要件として，産業上利用可能というものがあり，産業の発展に貢献するような発明が要件の1つとなっています。

> **ポイント**
>
> 特許の要件として，①産業上利用できる，②新規性がある，③進歩性がある，④先願である，⑤公序良俗に違反しないことがあります。

005 ○ 特許の取得手続は，**出願**からスタートし，出願すると**方式審査**が行われます。方式審査は，出願書類が決められた形式を満たしているかを審査するものです。方式審査が終了し，出願日から**1年6カ月**が経つと，**出願公開**となります。

006 × 特許の取得手続では，方式審査の通過後，審査請求をすることで，特許の**実体審査**が開始されます。実体審査では，発明に特許権を与えるかどうかを審査します。審査請求は，**出願から3年以内**に行う必要があり，出願から3年間審査請求がなかった場合は，出願は取り下げになります。

007 × 実体審査の結果である査定には，**特許査定**と**拒絶査定**があります。特許査定は，審査に合格することです。拒絶査定は，審査が不合格になったことを表します。

008 × **拒絶査定**となった場合，出願人は意見書を提出することができ，拒絶理由が解消されれば**特許査定**となります。意見書を提出しても拒絶査定となった場合，**拒絶査定不服審判**を請求することができます。拒絶査定不服審判でも拒絶査定となった場合は，**審決取消訴訟**を提起することができます。ただし，審決取消訴訟は，地方裁判所ではなく，**知的財産高等裁判所**に対して提起する訴訟です。

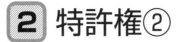

② 特許権②

1回 ／
2回 ／
3回 ／

009
□□□
物の発明の場合，特許権で保護される「発明の実施」には，対象となる発明の，生産，使用は含まれるが，輸出入は含まれない。

010
□□□
事業目的ではなく，個人的に発明を実施する場合でも，特許権の侵害になる。

011
□□□
第三者が試験研究のために特許権を実施する場合は，特許権の侵害にあたらない。

012
□□□
特許権の存続期間は，登録によって権利が開始し，終了は登録日から20年となっている。

013
□□□
特許権は，財産権という権利に分類され，財産権には所有権や債権などを含んでいる。

014
□□□
特許の専用実施権を他者に与えた場合，設定した範囲内において，特許権者自身も特許権を実施することはできない。

015
□□□
特許のライセンス契約でミニマムロイヤルティを設定すると，ライセンシーの売上がいくらであってもライセンサーは一定の金額以上を得ることができる。

016
□□□
特許の実施権を許諾された者がさらに第三者に実施権を与えることを，クロスライセンスと言う。

関連項目 『スタートアップ！中小企業診断士超速習テキスト』　P268-273

解答・解説

009 × 特許において，発明の実施には，物の発明の場合，対象となる発明の生産・使用だけでなく，**輸出・輸入なども含まれます。**

010 × 特許権は「業として」特許発明を独占的に実施する権利ですから，個人的に発明を実施する場合は，特許権の侵害にあたりません。

011 ○ 正しい記述です。これは，第三者が試験研究のために特許権を実施することは，産業の発展に寄与すると考えられているためです。

012 × 特許権は，登録によって権利が開始しますが，存続期間の終了は**出願日から20年**となっています。存続期間は，出願日から数えることに注意する必要があります。

013 ○ 正しい記述です。なお，**実用新案権，意匠権，商標権も産業財産権**という財産権に分類されます。

014 ○ 特許権の**専用実施権**を与えられた実施権者は，契約で決められた範囲内で**独占的に特許権を実施**することができます。この場合，特許権者であっても，その範囲内では特許権の実施はできません。

> **ポイント**
>
> 第三者に特許権を実施させる場合，**専用実施権**と**通常実施権**という2つの形態があります。
>
> ●**専用実施権**：1社が独占して特許権を実施することのできる権利
> ●**通常実施権**：1社で独占せずに，複数の会社が同時に特許権を実施できる権利

015 ○ ライセンサーとは，実施権を与える側のことを指し，ライセンシーとは，実施権を与えられる側を指しますので，ミニマムロイヤルティに関する正しい記述です。

016 × 特許の実施権を許諾された者が**さらに第三者に実施権を与える**ことは，サブライセンスと言います。クロスライセンスは，自社の保有している特許と，他社の保有している**特許をお互いにライセンスする**ことです。

科目6 経営法務

分野1 知的財産権

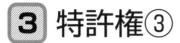

科目6 経営法務　分野1 知的財産権

③ 特許権③

1回 □／□
2回 □／□
3回 □／□

017 特許の職務発明とは，従業者等がした発明で，使用者等の業務範囲に属し，従業者等の現在または過去の職務に属する発明をいう。

018 発明した従業者が特許を受けた場合，使用者は専用実施権を持つ。

019 使用者が，あらかじめ就業規則などに特許権の承継を定めていた場合は，使用者が発明した従業者から特許権を承継することができる。

020 特許の職務発明に関する相当の対価の額について，必ずしも勤務規則に定めておく必要はない。

021 特許の侵害に対する差止請求権は，侵害行為が行われていない段階では差止請求を行うことができず，実際に侵害行為を行われた段階で差止請求できる権利である。

022 差止請求が認められると相手の侵害行為を止めさせることはできるが，侵害行為を行うための設備の除去までは認められない。

023 特許の侵害に対する損害賠償請求は，相手の侵害が故意や過失である場合に認められ，権利者は，権利の侵害による損失額を立証する必要がある。

024 損害賠償請求権は，損害および加害者を知ったときから5年で時効となり消滅する。

関連項目 『スタートアップ！中小企業診断士超速習テキスト』 P268-273

解答・解説

017 ○ 正しい記述です。なお，従業員の発明でも職務に属する発明ではない場合は，職務発明には該当しません。

💡**ポイント**

職務によって行われる発明のことを**職務発明**と呼び，特許法では，従業員と使用者の両方の利害を調整するように，職務発明についての条項が定められています。発明した従業員が特許を受けた場合は，**使用者は通常実施権を持つ**ことが定められています。これにより，企業は特許の実施を無償で行うことができます。

018 × 職務発明について，発明した従業者が特許を受けた場合，使用者は**通常実施権**を持ちます。専用実施権ではありません。

019 ○ 使用者が，あらかじめ就業規則などの勤務規則に特許権の承継を定めていた場合は，使用者が従業員から特許権を承継することができます。この場合，従業員は，使用者から相当の対価を受け取ることができます。

020 ○ 職務発明に関する相当の対価の基準などについて，勤務規則に定めておいたほうが望ましいですが，必ず定めておかなければならないわけではありません。

021 × 差止請求権は，実際に侵害行為が行われた段階だけでなく，**侵害行為が行われるおそれがある場合**にも差止請求を行うことのできる権利です。

💡**ポイント**

許諾を得ていない第三者が不当に発明の実施を行った場合は，**特許権の侵害**となります。そのような場合，特許権者は次のような対応策をとることができます。
●警告：特許権侵害を発見した場合に，書面で警告を行うことができます。
●差止請求：差止請求が認められれば，相手の侵害行為を止めさせることができます。
●損害賠償請求：警告や差止請求によって侵害行為を止めさせるだけでなく，発生した損害を相手に賠償するよう請求することができます。

022 × 差止請求が認められた場合，相手の侵害行為を止めさせることに加えて，侵害行為を行うための設備などの除去も行うことが可能です。

023 ○ 正しい記述です。**損害賠償請求権**は，相手の侵害が故意や過失である場合，権利侵害によって発生した損害を相手に支払わせることができる権利ですが，権利者は，権利の侵害による**損失額を立証**する必要があります。

024 × 損害賠償請求権の時効は，損害および加害者を知ったときから3年となっています。

科目6　経営法務　　分野1　知的財産権

4 意匠権①

1回
2回
3回

025 意匠権の出願には，願書，意匠登録請求の範囲，図面を提出する。

026 意匠権の取得において，方式審査を通過した後に，審査請求を行うことにより，実体審査が行われる。

027 意匠権の取得において，出願時に登録料を納める必要がある。

028 出願した意匠が登録査定となった場合は，出願人に登録査定謄本が送られてくる。

029 意匠権では，同一の意匠だけでなく類似する意匠にも効力が及ぶため，許諾を受けていない第三者が類似する意匠を生産・使用した場合も，権利侵害となる。

030 意匠権の許諾を受けていない第三者が，試験研究のために対象の意匠を実施した場合は，意匠権の侵害とはならない。

031 意匠権のライセンス付与には，専用実施権と通常実施権の2つの形態がある。

032 意匠権の存続期間は，出願日から20年となっている。

関連項目　『スタートアップ！中小企業診断士超速習テキスト』　P278-281

解答・解説

025 ×　特許権の出願では，「特許請求の範囲」を提出し，実用新案権の出願では，「実用新案登録請求の範囲」を提出しますが，意匠権の出願には，これらに該当するものはありません。

> **ポイント**
>
> 意匠法では，意匠は「物品の形状，模様もしくは色彩もしくはこれらの結合，建築物の形状又は画像であって，視覚を通じて美感を起こさせるもの」と定義されています。意匠の要件として，①工業上利用できる，②新規性がある，③創作性がある，④先願である，⑤不登録事由に該当しないことがあります。

026 ×　特許権の場合は，方式審査の後，実体審査に進むには，審査請求が必要ですが，意匠権の場合は，審査請求は必要ありません。方式審査を通過すると**自動的に実体審査**が行われます。

027 ×　意匠権の登録料は，実体審査の結果，**登録査定**となった後に納付します。

028 ○　正しい記述です。

> **ポイント**
>
> 意匠権を取得するためには，最初に**出願**を行います。意匠権の出願では，願書や図面を提出します。
> 出願すると，方式審査と実体審査が行われます。**方式審査**では，出願書類が，決められた形式を満たしているかを審査します。**実体審査**では，出願された意匠が登録要件を満たしているかを審査します。登録要件を満たしている場合には**登録査定**，登録要件を満たしていない場合には**拒絶査定**となります。

029 ○　正しい記述です。意匠権では，許諾を受けていない第三者が，類似するデザインを実施した場合も，意匠権の侵害となります。

030 ○　特許権と同じように，意匠権においても，試験研究のための実施の場合は，権利の侵害とはなりません。

031 ○　意匠権のライセンス付与においては，特許権と同じく，**専用実施権**と**通常実施権**の２つの形態があります。

032 ×　意匠権の存続期間は，**出願日から25年**となりました（令和２年４月１日施行）。

科目6 経営法務

分野1 知的財産権

5 意匠権②

1回
2回
3回

033 同一の物品について，複数の部分意匠を出願することができる。
☐☐☐

034 部分意匠の出願において，先に全体意匠を出願していた場合，全体意
☐☐☐ 匠の意匠公報の発行日の前日までであれば，部分意匠を出願すること
が可能である。

035 組物意匠として意匠権を登録した場合，組物の構成物ごとの模倣に対
☐☐☐ しても権利を行使することができる。

036 組物意匠として登録できる物品は，経済産業省令により指定されてい
☐☐☐ る。

037 関連意匠において，意匠権の移転は本意匠と別に行うことができる。
☐☐☐

038 関連意匠の存続期間は，本意匠の出願日から10年となっている。
☐☐☐

039 秘密意匠制度を利用すると，登録日から3年間は，意匠を公開せずに
☐☐☐ 秘密にしておくことができる。

040 意匠の出願時に秘密意匠とする請求をしなければ，出願後に秘密意匠
☐☐☐ に指定することはできない。

関連項目 『スタートアップ！中小企業診断士超速習テキスト』 P278-281

解答・解説

033 ○ 部分意匠は製品の一部分についての意匠を登録できる制度であるため，同一物品について，**複数の部分意匠を出願することが可能**です。

034 ○ 正しい記述です。他に，部分意匠の出願は，全体意匠と同日に行うことでも可能です。

035 × 組物意匠として登録した場合，**組物全体として意匠権が発生**しますが，構成物ごとの模倣に対しては権利を行使することができません。そのため，構成物ごとに保護したい場合には，**個々の物品ごとに意匠登録**を行います。

036 ○ 組物意匠として登録できる物品は，**経済産業省令**により指定されています。具体的には，コーヒーセットやテーブルセット，オーディオ機器セットなどです。

037 × 関連意匠は本意匠と一緒に扱われるため，意匠権の移転や，専用実施権の設定などは，**本意匠と合わせて行う必要**があります。

038 × 関連意匠の存続期間は，**本意匠の出願日から25年**です。

039 ○ 正しい記述です。秘密意匠制度は，登録日から最大３年間，意匠を公開せずに秘密にしておくことのできる制度です。**出願日ではなく登録日から数えることに注意**しましょう。

040 × 秘密意匠とする請求は，出願時に指定する他に，**登録料を納付する際に指定する**ことができます。

> **ポイント**
>
> 意匠権には次のような制度があります。
> - **部分意匠制度**：製品の一部分についての意匠を登録できる制度
> - **組物意匠制度**：複数の製品をセットにして組物意匠として登録できる制度
> - **関連意匠制度**：ある意匠に類似する意匠も合わせて登録できる制度
> - **秘密意匠制度**：登録日から最大３年間，意匠を公開せずに秘密にしておくことのできる制度

6 商標権①

1回 ／
2回 ／
3回 ／

041 商標には,「文字商標」「図形商標」「記号商標」「組物商標」といった
□□□ 商標がある。

042 識別力を持たない商標は登録できない。
□□□

043 目に見える商品については商標登録できるが,目に見えない役務につ
□□□ いては商標登録できない。

044 登録されている他人の商標と同一の商標は登録できないが,類似する
□□□ 商標は登録できる。

045 商標の出願には,願書や図面を提出する必要があり,図面は必須と
□□□ なっている。

046 商標の出願において,指定商品や指定役務の区分を指定するが,1つ
□□□ の商標について,複数の区分を指定することはできない。

047 商標権の審査では,方式審査と実体審査が行われるが,方式審査後に
□□□ 審査請求を行う必要がある。

048 商標権が登録された後に,その商標権を無効と主張する商標登録無効
□□□ 審判や登録異議申立てという制度がある。

関連項目 『スタートアップ!中小企業診断士超速習テキスト』 P282-285

解答・解説

041 ×　商標には「文字商標」「図形商標」「記号商標」「立体商標」「色彩商標」「音商標」などがありますが，組物商標という商標はありません。

> **ポイント**
>
> 商標法には，商標は「人の知覚によって認識することができるもののうち，文字，図形，記号，立体的形状若しくは色彩又はこれらの結合，音その他政令で定めるもの」とあります。商標は「文字商標」「図形商標」「記号商標」「立体商標」「色彩商標」「音商標」などの種類に分けられます。
>
> 商標の要件としては，「自社の業務にかかわる商品や役務で使用される」「自社の商品や役務を，他社の商品や役務と区別する識別力を持つ」「創作性がある」「先願である」「不登録事由に該当しない」があります。

042 ○　正しい記述です。識別力とは，自分の商品やサービスを他人の商品やサービスから区別させることができるということです。ありふれた名称で，自社の商品やサービスを区別できないものは，商標登録することはできません。

043 ×　商標の要件としては，**自社の業務にかかわる商品や役務で使用される**ことが挙げられており，商品だけでなく**役務（サービス）**について商標を登録することが可能です。

044 ×　他人の登録商標と同一の商標だけでなく，**類似する商標**も登録することはできません。

045 ×　商標の出願には，願書や図面などを提出しますが，**図面は必須ではありません。**出願に必須な書類は願書のみであり，必要な場合のみ，図面などを添付します。

046 ×　商標の出願では，その商標をどのような商品や役務に使用するかを指定する必要があり，指定商品・指定役務の区分を指定します。1つの商標について，**複数の区分を指定する**ことも可能です。例えば，1つの商標に，家具と電気機器を表す区分を同時に指定することもできます。

047 ×　商標権の審査では，**方式審査**と**実体審査**が行われますが，**審査請求は必要なく**，方式審査を通過すると**自動的に実体審査**が行われます。

048 ○　登録異議申立ては，意匠権などにはない商標権に独自の制度です。登録異議申立ては，商標登録無効審判と同様に，**商標の登録を無効と主張するための制度**です。商標登録無効審判は，請求できるのは利害関係人ですが，いつでも請求可能です。それに対して，登録異議申立ては，誰でも請求可能ですが，**商標公報の発行後2カ月以内**に行う必要があります。

経営法務　科目6

知的財産権　分野1

7 商標権②

1回
2回
3回

049 楽曲を収録したCD-ROMに商標を付して販売する行為は，役務についての商標権の使用にあたらない。

050 商標を付した商品を輸出する行為は，商標の使用にあたる。

051 ピアノについて登録した商標に関して，第三者が時計に類似する商標を使用した場合，商標権者は商標の使用の禁止を求めることができる。

052 商標権の存続期間は，登録日から10年となっているが，更新をすることができる。

053 「夕張メロン」のように，地域名と普通名称を組み合わせた名称を商標として登録できる制度を団体商標登録制度と言う。

054 地域団体商標制度は地域ブランドを育成するために制定されたものである。

055 地域団体商標制度は，農業協同組合や株式会社などが出願することができる。

関連項目 『スタートアップ！中小企業診断士超速習テキスト』 P282-285

解答・解説

049 ○ 楽曲を収録したCD-ROMという商品に商標を付けて販売しているため，**商品についての商標権の使用**にあたり，役務についての商標権の使用にはあたりません。

050 ○ 商標権の使用には，商標が付いた商品を**輸出**，輸入することを含みます。

051 × 商標権の禁止権は，類似する商標や類似する物品まで効力が及びますが，類似していない**物品**に対しては効力が及びません。ピアノと時計は類似する物品ではありませんので，第三者が類似する商標を使用しても，禁止権の効力は及ばず，使用の禁止を求めることはできません。

052 ○ 正しい記述です。商標権の存続期間は，登録日から10年となっていますが，更新登録をすることで，何度でも更新をすることができます。

053 × 地域名と普通名称を組み合わせた名称を商標として登録できる制度は，**地域団体商標制度**です。

054 ○ 正しい記述です。**地域団体商標制度**は，地域ブランドを育成するために制定されています。

055 × 地域団体商標制度では，**事業協同組合や農業協同組合**などの組合は出願することができますが，**株式会社や社団法人などは出願**することができません。

> **ポイント**
> ●**団体商標登録制度**：社団法人や事業共同組合などの団体で，商標を登録できる制度。団体商標を登録すると，団体を構成する構成員が，許諾を受けなくても団体商標を使用できるようになります。
> ●**地域団体商標制度**：地域名に商品の普通名称を組み合わせた商標を登録できる制度。事業協同組合などの法人格を有する組合が出願することができます。

科目6 経営法務

分野1 知的財産権

8 著作権①

056
□□□
著作者人格権には，公表権，氏名表示権，同一性使用権が含まれる。

057
□□□
氏名表示権は，著作物に著作者の氏名をどのように表示するか決定できる権利であり，氏名を表示しないという権利は含まない。

058
□□□
著作者が著作物を創作すると，自動的に著作者人格権が発生する。

059
□□□
著作者人格権は，著作者本人以外にも譲渡したり相続することができる。

060
□□□
Aさんが創作した著作物を，Bさんが印刷して無料で不特定多数の人に配布することは，著作権の侵害にあたる可能性がある。

061
□□□
Aさんが創作した著作物を基に，Bさんが脚色を加えた二次的著作物を創作する場合は，Bさんは著作財産権の譲渡権が必要になる。

062
□□□
Aさんが創作した著作物を基に，Bさんが脚色を加えた二次的著作物を創作した。
Cさんがその二次的著作物を利用する場合，Bさんの許諾に加えて，Aさんの許諾も必要になる。

063
□□□
著作財産権は，著作者以外にも譲渡したり相続することができる。

関連項目　『スタートアップ！中小企業診断士超速習テキスト』　P286-289

解答・解説

056 × 著作者人格権に含まれるのは、同一性使用権ではなく、**同一性保持権**です。著作者の意に反して改変することを禁止して、同一性を保持する権利です。

> **ポイント**
>
> 著作者人格権は、著作物を創作した人である「著作者」の人格的な権利を表します。著作者人格権には、**公表権、氏名表示権、同一性保持権**が含まれています。
> - **公表権**：著作物を公開するかどうか、いつどのような方法で公開するかを決定できる権利
> - **氏名表示権**：著作物に著作者の氏名を表示するかどうか、どのような表示にするかを決定できる権利
> - **同一性保持権**：著作物を改変せず、同一性を保つことを保証する権利

057 × **氏名表示権**は、著作者の氏名を表示するかどうかを決定できる権利も含みます。そのため、著作物に著作者の氏名を表示しないことを求めることも可能です。

058 ○ 正しい記述です。**著作者人格権**は、著作物が創作された時点で**自動的に付与される**ため、権利を得るための手続は必要ありません。

059 × **著作者人格権**は、著作者本人だけが持っている権利であり、第三者に譲渡したり相続したりすることはできません。

060 ○ 著作財産権には、著作物を複製できる**複製権**や、著作物の原作や複製したものを譲渡できる**譲渡権**などを含みます。そのため、第三者が著作権者に無断で著作物を印刷、配布することは著作権の侵害に該当する可能性があります。

> **ポイント**
>
> 著作財産権は、財産権としての性格を持っている権利であり、複製権を初めとする数多くの権利が含まれています。

061 × 二次的著作物を創作するには、**翻訳権・翻案権**等が必要です。譲渡権は、著作物の原作や複製したものを譲渡できる権利です。

062 ○ 第三者が二次的著作物を利用する場合、**二次的著作物の著作者**に加えて、**原作の著作者の許諾**が必要になります。

063 ○ 著作財産権は、特許権などの産業財産権のように、第三者に**譲渡**したり**相続**することができます。

科目6 経営法務 / 分野1 知的財産権

科目6　経営法務　　分野1　知的財産権

9 著作権②

1回　／
2回　／
3回　／

064 著作権の取得には登録を必要としない無方式主義をとるが，著作権登
□□□ 録制度も存在する。

065 著作権登録制度では，著作物を創作しただけでは登録できないが，著
□□□ 作物を公表すれば登録制度を利用することができる。

066 私的使用のためであっても，著作物を複製して友人にプレゼントする
□□□ ことは，著作権侵害にあたる場合がある。

067 著作者財産権の存続期間は，著作者の生存中および死後50年間である。
□□□

068 著作者人格権の存続期間は，著作者の生存中および死後50年間である。
□□□

069 A社の従業員Bが職務上創作した著作物は，A社の名義で公表しても，
□□□ A社が著作権を取得するには，従業員Bから著作権の譲渡を受けなけ
　　　 ればならない。

070 C社の従業員Dが職務上作成したプログラムについて，従業員Dの名
□□□ 前で公表すれば，従業員Dが著作者となる。

071 作詞家Eが作詞し，作曲家Fが作曲した楽曲は，共同著作物となる。
□□□

072 画家Gと画家Hが作成した共同著作物の絵画について，画家Gと画家H
□□□ の双方の同意がなければ，著作権を行使することはできない。

関連項目　『スタートアップ！中小企業診断士超速習テキスト』　P286-289

解答・解説

064 ○ 正しい記述です。著作権は取得するのに手続等は必要ありませんが，**著作権登録制度**により，誰が著作権を持っているか明確になります。

> 💡**ポイント**
>
> 著作権は，創作と同時に著作者に対して発生します。著作権を取得するためには取得手続や登録は不要であり，これを**無方式主義**と言います。
> ただし，著作権は登録が必要ないため，著作権が第三者に譲渡されたりすると，著作権者が誰なのかがわかりにくくなります。このような問題を解消するために，著作権を登録できる，**著作権登録制度**も存在します。

065 ○ 著作権の登録は，創作しただけでは登録できず，著作物を公表したり，**譲渡した**という事実があった場合のみ行うことができます。

066 ○ 著作物を私的使用のために複製する場合は，著作権の効力は及びません。ただし，私的使用の範囲は狭く，個人的または家族内を超えて使用した場合は著作権侵害となりえます。

067 × 著作者財産権の存続期間は，著作者の生存中および死後70年です。

068 × **著作者人格権**は，著作者の人格に関する権利のため，存続期間は著作者の生存中のみとなっています。

069 × 従業員が職務上作成し，使用者の名義で公表する著作物は，契約や勤務規則による別段の定めがない限り，使用者が著作者になります。

070 × 従業員が職務上作成したプログラムは，使用者の名義で公表しなくても，契約や勤務規則による別段の定めがない限り，使用者が著作者になります。

071 × 1つの楽曲であっても，作詞と作曲を別々の人が行った場合，作詞と作曲は明確に分けられ，それぞれ別に使うこともできるため，**共同著作物にはなりません**。

> 💡**ポイント**
>
> 2人以上が共同して創作した著作物を共同著作物と言います。ただし，各人の担当部分を明確に分離できるものは，共同著作物にはなりません。

072 ○ 正しい記述です。共同著作物の著作権を行使するには，共同著作者**全員の同意**を得ることが必要です。

科目6 経営法務

分野1 知的財産権

10 不正競争防止法

073　周知表示混同惹起行為では，商品のネーミングやパッケージは対象となるが，商品を宣伝する看板は対象とならない。

074　著名表示冒用行為は，他人の著名な商品等表示を，自己の商品等表示として使用，譲渡，提供する行為であるが，業種が異なれば不正競争行為にあたることはない。

075　商品形態模倣行為では，最初に商品を販売した日から3年を過ぎた場合は，不正競争行為とはならない。

076　ドメイン名に係る不正行為では，他人の商品等表示と類似のドメイン名であっても，先にドメインを申請して買収を持ちかけた場合は，不正競争行為とはならない。

077　「厳秘」の表示をして，社内の限られた人にだけしか閲覧することのできない社内不正に関する資料は，不正競争防止法の営業秘密に該当する。

078　市販の書籍を印刷して，「社外秘」と表示してファイリングした資料は，不正競争防止法の営業秘密に該当する。

079　秘密保持義務が明記された就業規則に従って業務に従事する社員が取り扱う資料は，不正競争防止法の営業秘密に該当する。

080　「strictly confidential」の表示をして，限られた社員の管理下にある公表していない技術資料は，不正競争防止法の営業秘密に該当する。

関連項目　『スタートアップ！中小企業診断士超速習テキスト』　P290-291

解答・解説

073 ✕ 周知表示混同惹起行為で,「商品等表示」というのは,業務に係る氏名,商号,商標,標章,商品の容器や包装,その他商品や営業を表すものを指します。

> 💡**ポイント**
>
> **周知表示混同惹起行為**：広く認知されている他人の商品等表示と,同一もしくは類似した商品等表示を使用し,他人の商品と混同を生じさせる行為

074 ✕ 競合しない商品やサービスであっても,他人の著名な商品等表示を無断で使用することは,不正競争行為となる可能性があります。

075 ◯ 商品形態模倣行為は,他人の商品の形態を模倣した商品を譲渡したり貸し渡しなどをする行為ですが,**最初に販売した日から３年を過ぎた商品については適用されません。**

076 ✕ ドメイン名に係る不正行為は,不正の利益を得る目的や,他人に損害を与える目的で,他人の商品等表示と**同一・類似するインターネット上のドメイン名を取得・使用する行為**です。他人の商品等表示と似たドメイン名を先に取得しておき,後でその企業にドメイン名の買取を持ちかけるようなことは,**不正競争行為**とみなされます。

077 ✕ 「厳秘」の表示をして,社内の限られた人だけしか閲覧することができないのは,秘密管理性や非公知性を満たしています。しかし,社内不正や粉飾決算に関する内容などは,有用な情報とは言えませんので,営業秘密には該当しません。

> 💡**ポイント**
>
> **営業秘密**というのは,秘密として管理されていること（**秘密管理性**）,有用であること（**有用性**）,公然と知られていないこと（**非公知性**）を満たすものを表します。

078 ✕ 市販の書籍は,広く知られている情報のため,非公知性を満たしません。

079 ✕ 就業規則に秘密保持義務が明記されていても,誰でも持ち出せる状態になっている資料など,秘密として管理していない情報は営業秘密には該当しません。

080 ◯ 「strictly confidential」とは厳秘扱いという意味です。限られた社員の管理下にあるため,**秘密管理性**を満たしていると言えます。公表していない情報ですから,**非公知性**を満たしています。技術に関する資料ですから,**有用性**も満たしていると考えられます。そのため,**営業秘密に該当**します。

科目6 経営法務

分野1 知的財産権

⑪ 株式会社の機関①

1回
2回
3回

081
□□□
代表取締役は，取締役または取締役以外の株主から選定され，会社を
代表して業務の執行をする。

082
□□□
取締役会は，株主総会で選任された取締役から構成され，業務運営の
意思決定などを行う。

083
□□□
株主総会は，株主が参加し，会社の最高意思決定機関として機能する。

084
□□□
監査役もしくは監査役会は，株主に代わって，経営をチェックする役
割を担う。

085
□□□
取締役には善良なる管理者として忠実に業務を遂行するという「善管
忠実義務」がある。

086
□□□
取締役に課される「競業避止義務」とは，会社の事業と競業するよう
な取引をしてはならないということである。

087
□□□
取締役に課される「利益相反取引回避義務」とは会社と利益が対立す
るような取引をしてはならないということである。

088
□□□
「任務懈怠責任」とは取締役が任務を怠って株式会社に損害を与えた
場合，会社に対する損害賠償責任を負うことをいう。

関連項目 『スタートアップ！中小企業診断士超速習テキスト』　P294-299

解答・解説

081 × 代表取締役は，取締役の中から選任され，会社を代表して業務の執行を行います。よって，この説明は「または取締役以外の株主」の部分が不適切です。

082 ○ 株主は必ずしも会社経営の専門家ということではないため，会社の運営を経営のプロである取締役に任せます。取締役は株主総会で選任され，取締役会が設置されている会社ではその取締役会において**業務運営の意思決定**を行います。

083 ○ 機関のうち，最も権限が強いのが**株主総会**です。株主総会は，株主が参加し，会社の最高意思決定機関として機能します。株式会社では，株主総会は**必ず設置**されます。

084 ○ 経営をチェックしていく機関として**監査役**もしくは**監査役会**があります。これらの機関は取締役がしっかり経営を行っているのかを，株主の代わりにチェックする機能を果たします。

085 × 取締役には**善良なる管理者として注意を払って業務を遂行**するという**善管注意義務**と会社にとって有利になるよう**忠実に業務を遂行**するという**忠実義務**があります。

086 ○ 忠実義務から導かれる義務に競業避止義務があります。会社の事業と競業するような取引をしてはならないということで，このような取引を行う場合には，株主総会などの承認が必要です。

087 ○ **利益相反取引回避義務**は会社と利益が対立するような取引をしてはならないということであり，例えば代表取締役が会社に貸し付けていた個人名義の土地の賃借料を値上げする場合などは株主総会などの承認が必要です。

088 ○ 取締役が，**任務を怠って株式会社に損害を与えた**場合も，会社に対する**損害賠償責任**が生じます。これを**任務懈怠責任**と呼びます。ただし，この場合は，損害賠償責任が生じるのは，取締役が故意または過失によって会社に損害を与えた場合に限られます。

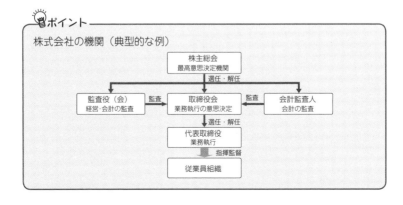

ポイント
株式会社の機関（典型的な例）

12 株式会社の機関②

1回
2回
3回

089 監査役は，取締役会から独立して，取締役の業務執行について調査し
□□□ 監督する権限を持っているので，決算などの繁忙期を除いて事業の報
告を求めることができる。

090 小規模な会社では，定款で定めることにより監査役の監査の範囲を会
□□□ 計監査に限定することが認められている。

091 監査役の選任には株主総会の特別決議が必要である。解任は普通決議
□□□ で行われる。

092 監査役の任期は原則3年である。
□□□

093 会計監査人の任期は1年で，変更することはできない。
□□□

094 会計参与の任期は監査役同様4年である。
□□□

095 会計監査人ならびに会計参与は，資格として公認会計士または監査法
□□□ 人であることが必要である。

096 会計監査人同様，会計参与もその会社の役員ではない。
□□□

関連項目 『スタートアップ！中小企業診断士超速習テキスト』 P294-299

解答・解説

089 × 監査役は，取締役会から独立して，**取締役の業務執行**について**調査**し**監督**する権限を持っています。また，監査役はいつでも取締役や従業員に対して，事業の報告を求めることができます。時期が限定されたりすることはありません。

> **ポイント**
>
> 監査役は，会社の業務と会計を監査するための機関です。監査役を設置することで，株主に代わって取締役の業務を監督し，会計書類が適切に作成されているかを監査することができます。監査役は，**取締役会から独立して，取締役の業務執行**について調査し監督する権限を持っています。

090 ○ 小規模な会社では，**定款**で定めることにより監査役の監査の範囲を**会計監査に限定**することが認められています。監査の範囲を会計監査に限定することができるのは，株式譲渡制限会社であって，監査役会や会計監査人を設置していない会社のみです。よって，この説明は適切です。

091 × 監査役は取締役の監査という重要な役割を持っているため，監査役を解任するには**株主総会の特別決議**が必要です。さらに，監査役が解任される場合は，監査役は任期の最後の株主総会に出席して意見を述べることが認められています。監査役の選任は，取締役と同じように株主総会の**普通決議**で行われます。

092 × 監査役の任期は原則**4年**で，短縮することはできません。株式譲渡制限会社の場合は，**定款**に定めることによって任期を**10年**まで伸長することができます。

093 ○ 会計監査人の任期は**1年**となっています。取締役や監査役と違い，**任期を変更する**ことはできません。よって，この説明は適切です。

> **ポイント**
>
> ●**会計監査人**：会計監査人は，財務諸表などの**計算書類の監査**を行い，会計監査報告書を作成します。会計監査人は，会社から独立して，会社の会計が正しく作成されているかチェックする役割を果たします。
> ●**会計参与**：主に中小企業の，**計算書類の質を上げる**ことを目的に，2006年から施行されている会社法で新しく設けられた機関です。会計参与は，**取締役と共同して計算書類を作成**します。

094 × 会計参与の任期は，取締役と同じように原則**2年**となっています。また，株式譲渡制限会社の場合は，定款に定めることによって**任期を10年**まで伸長できます。

095 × 会計監査人の資格として，**公認会計士**または**監査法人**であることが必要です。会計参与の資格は，**公認会計士**や**監査法人**に加えて，**税理士**も認められています。

096 × 会計監査人は会社の役員ではありませんが，**会計参与は会社の役員**という位置づけになります。

⑬ 株式会社の分類

1回 ／
2回 ／
3回 ／

097 「公開会社」とは株主が所有する株式の全部または一部を自由に譲渡
□□□ できるようになっている会社のことをいい，たとえ1株でも譲渡でき
れば公開会社である。

098 定款によりすべての株式に譲渡制限がかかった会社のことを「株式譲
□□□ 渡制限会社」という。

099 譲渡制限株式を所有する株主が他の人に株式を売却する際には，会社
□□□ の承認が必要になる。

100 公開会社では，取締役会の設置が必須であり，取締役の任期は原則の
□□□ 2年を延長することはできず，定款によって取締役を株主に限定する
ことが可能である。

101 会社法における大会社とは資本金が5億円以上かつ負債総額が200億
□□□ 円以上の株式会社のことをいう。

102 大会社では会計監査人の設置が必須となる。
□□□

103 大会社または公開会社の場合は，監査役会の設置が必須となる。
□□□

104 大会社以外の会社では決算において損益計算書の公告が義務づけられ
□□□ ているが，貸借対照表の公告は必須ではない。

関連項目 『スタートアップ！中小企業診断士超速習テキスト』 P300-301

解答・解説

097　○　公開会社は，株主が所有する株式の全部または一部を自由に譲渡できるように
なっている会社です。公開会社という言葉は，株式市場に上場しているかどうか
は関係しません。

> 💡ポイント
> ●**公開会社**：株主が所有する株式の全部または一部を自由に譲渡できるよ
> 　うになっている会社
> ●**株式譲渡制限会社**：公開会社ではない会社。よって株式譲渡制限会社は，
> 　すべての株式について，譲渡する際に会社の承認が必要な会社となり
> 　ます。株式譲渡制限会社は，中小企業に多い形態

098　○　株式譲渡制限会社は，公開会社ではない会社です。株式譲渡制限会社は，すべて
の株式について，譲渡する際に会社の承認が必要な会社となります。

099　○　譲渡制限が付けられた株式を譲渡制限株式と呼びます。譲渡制限株式を所有する
株主は，他の人に株式を売却するなどして譲渡する際には，会社の承認が必要と
なります。

100　×　取締役会の設置は，公開会社では必須となります。取締役や会計参与の任期につ
いては**原則2年**となっていますが，公開会社では，任期を延長することはできま
せん。また，株式譲渡制限会社では，定款によって取締役を株主に限定すること
が可能ですが，公開会社ではこの定めを置くことはできません。

101　×　大会社は，最終事業年度の**資本金が5億円以上**または**負債総額が200億円以上**の
株式会社です。この基準に該当しない会社が，大会社以外の会社となります。資
本金の基準か，負債総額の基準のどちらかを満たせば大会社となるため，この記
述は不適切です。

102　○　大会社では会計監査人の設置が必須となります。

103　×　大会社かつ公開会社の場合では，監査役会の設置が必須となります。大会社もし
くは公開会社でなければ，監査役会の設置は任意となります。

104　×　大会社の場合は，決算において貸借対照表だけでなく，損益計算書の公告が必要
になります。大会社以外の会社においては決算において貸借対照表の公告が必要
ですが，損益計算書の公開は必要ではないので，不適切です。

科目6　経営法務

分野2　会社法

14 株　式

105 株式は，株主の持分を細分化したものである。

106 原則として，株主は平等に扱われる必要がある。

107 株券は発行することが原則となっていて，電子的に管理する形は定款に定めることによって可能となる。

108 株式会社は株主名簿を作成し，本店もしくは株主名簿管理人の営業所に据え置かねばならない。

109 発行可能株式総数は，あらかじめ決められた発行できる株式の総数のことである。発行可能株式総数は取締役会設置会社においては取締役会決議で，それ以外の場合は代表取締役が決める。

110 公開会社では，発行可能株式総数には制限があり，会社設立時の株式数は，発行可能株式総数の5分の1を下回ることができない。

111 募集株式の発行をするためには，公開会社では，原則として取締役会の決議が必要である。ただし，第三者に対して特に有利な条件で株式を割り当てる場合は，株主総会の特別決議が必要になる。

112 募集株式の発行をするためには，株式譲渡制限会社の場合は原則として株主総会の普通決議が必要になる。ただし，定款に定めがある場合は，取締役会の決議で発行を行うことができる。また，第三者への有利発行をする場合でも，定款に定めがあれば株主総会の普通決議で発行できる。

関連項目　『スタートアップ！中小企業診断士超速習テキスト』　P302-303

解答・解説

105 ○ 株式は，**株主の持分を細分化したもの**です。

106 ○ 株式は，社員の権利を均等に細分化したものとなっているため，原則として**株主は平等に扱われる必要**があります。ただし，種類株式を発行した場合は，種類株式ごとに株主の扱いは異なります。

107 × 現在の会社法では，**株券の発行は義務づけられておらず，任意**となっています。よって，この記述は不適切です。株券の発行は，定款に定めることによって可能になります。

108 ○ 株式会社では，誰が株主かを管理するために，**株主名簿**を作成し，本店もしくは株主名簿管理人の営業所に据え置く必要があります。株主名簿には，**株主の氏名や住所**，**株式数**，**取得日**などを記載する必要があります。株主は，株式を取得したとしても，株式名簿に記載されない限りは，株主としての権利を主張できません。株主は，原則としていつでも株主名簿の**閲覧**を請求することができます。

109 × **発行可能株式総数**は，定款に定めることによって有効となります。よって，発行可能株式総数を変更するには，原則として**株主総会の特別決議**が必要になります。取締役会決議や代表取締役の決定ではありません。

110 × 公開会社では，発行可能株式総数には制限があります。公開会社では，会社設立時の株式数は，発行可能株式総数の**4分の1**を下回ることができません。つまり，発行可能株式総数は，発行済株式数の4倍を超えることができないということを表します。また，会社設立後も，発行可能株式総数は，発行済株式数の**4倍**を超えることができません。ここでは，5分の1という記述が誤りです。

111 ○ 募集株式の発行をするためには，**公開会社**では，原則として取締役会の決議が必要です。ただし，第三者に対して特に有利な条件で株式を割り当てる場合は，**株主総会の特別決議**が必要になります。よって，この説明は適切です。

112 × 株式譲渡制限会社の場合は，原則として**株主総会の特別決議**が必要になります。ただし，定款に定めがある場合は，**取締役会の決議**で発行を行うことができます。また，**株式譲渡制限会社**の場合は，第三者への有利発行をする場合でも，定款に定めがあれば取締役会の決議で発行できます。「株主総会の普通決議」の記述が誤りです。

15 新株予約権と社債

113 新株予約権の発行は，公開会社では，原則として株主総会の普通決議
□□□ で発行される。ただし，第三者に対して特に有利な条件で株式を割り
当てる場合は，株主総会の特別決議が必要になる。

114 新株予約権の発行は，株式譲渡制限会社では，原則として株主総会の
□□□ 特別決議が必要になる。ただし，定款に定めがある場合は，取締役会
の決議で発行を行うことができる。

115 会社は，一定の事由が生じたことを条件として，発行済みの新株予約
□□□ 権を取得できるような条項を付けることができる。このような条項が
付けられた新株予約権を，取得請求権付新株予約権と呼ぶ。

116 新株予約権を発行する場合は新株予約証券を発行しなければならない。
□□□

117 社債は，取締役会設置会社においては取締役会の決議によって発行す
□□□ ることができる。

118 社債管理者は金融機関である銀行や信託会社がなることができるが，
□□□ 証券会社は社債管理者にはなれない。

119 社債を発行する際，社債管理者は必ず設置しなければならない。
□□□

120 社債券は発行することができるが，発行しなくてもよい。
□□□

関連項目 『スタートアップ！中小企業診断士超速習テキスト』 P304-305

解答・解説

113 ×　新株予約権の発行は，**公開会社**では，原則として取締役会の決議で発行されます。ただし，第三者に対して特に有利な条件で株式を割り当てる場合は，株主総会の特別決議が必要になります。

> 💡**ポイント**
>
> 新株予約権は，権利を行使することで，あらかじめ決められた条件で，その会社の**株式を取得できる権利**を表します。新株予約権の権利を行使すると，あらかじめ決められた価格を支払うことによって，会社から株式の交付を受けて株主になることができます。

114 ○　新株予約権の発行は，**株式譲渡制限会社**の場合は，原則として株主総会の特別決議が必要になります。ただし，定款に定めがある場合は，取締役会の決議で発行を行うことができます。よって，この説明は適切です。

115 ×　会社は，**一定の事由**が生じたことを条件として，発行済みの新株予約権を取得できるような条項を付けることができます。このような条項が付けられた新株予約権を，取得条項付新株予約権と呼びます（請求権ではありません）。

116 ×　新株予約権を発行する場合には，株式における株券と同じような**新株予約証券**を発行することもできます。ただし，新株予約証券は，発行しなくても構いません。

117 ○　社債は，取締役会の決議（取締役会不設置会社は取締役）によって発行することができます。

118 ○　社債管理者には，銀行や信託会社がなることができます。証券会社は含まれません。

119 ×　各社債の金額が１億円以上の場合など，一定の条件を満たす場合は，社債管理者を置く必要はありません。これは，大規模な社債を引き受ける社債権者は金融機関などが多いため，社債権者の保護の必要が少ないと考えられるためです。よって，この記述は不適切です。

> 💡**ポイント**
>
> ●社債管理者：社債は償還期間が長いため，社債の管理を適切に行うために，原則として社債管理者を置くことが必要となっています。

120 ○　社債でも，株式における株券と同じような**社債券**を発行することもできます。ただし，社債券は，発行しなくても構いません。

経営法務　科目6

会社法　分野2

16 株式会社の計算

1回
2回
3回

121　現在の会社法では，資本金が10,000円以上であれば，会社を設立する
□□□　ことができる。

122　増資などの際，株主の払込み金額のうち，2分の1については，資本
□□□　準備金に組み入れなくてはならない。

123　減資をするためには，原則として株主総会の普通決議が必要になる。
□□□

124　資本準備金の額を減少する場合には，株主総会の特別決議ではなく，
□□□　原則として普通決議で決定することができる。

125　株式会社では，決算や事業の内容を記載した計算書類を作成し，5年
□□□　間保存する義務がある。

126　計算書類は取締役が作成する。監査役や会計参与を設置した会社は，
□□□　その監査役または会計参与が監査を行う。

127　株式会社は，定時株主総会の終結後遅滞なく貸借対照表を公告する必
□□□　要があり，さらに大会社では，貸借対照表に加えて損益計算書も公告
　　　する必要がある。ただし，有価証券報告書を提出している会社は，決
　　　算公告の必要はない。

128　決算公告は，官報か日刊新聞への掲載のいずれかから定款に定めた方
□□□　法で公告しなければならない。

関連項目　『スタートアップ！中小企業診断士超速習テキスト』　P306-307

解答・解説

121 × 現在の会社法では，「**資本金の最低金額**」は定めがなくなっています。現在では，資本金が **1 円以上**であれば，会社を設立することができます。

122 × 資本金は，原則として会社の設立や株式の発行の際に，**株主から払い込まれた財産の額**となります。ただし，株主から払い込まれた金額のうち，全額を資本金にしなくても構いません。株主の払込み金額のうち，**2 分の 1 を超えない額**については資本金ではなく，**資本準備金**に組み入れることが容認されています。

123 × 資本金を減らす減資をすることは，会社の財産基盤を危うくするおそれがあるため，一定の規制を受けます。減資をするためには，原則として**株主総会の特別決議が必要**になります。

124 ○ **資本準備金の額を減少する場合**には，株主総会の特別決議ではなく，原則として**普通決議**で決定することができます。よって，この説明は適切です。

125 × 株式会社では，決算や事業の内容を記載した**計算書類**を作成し，**10年間保存**する義務があります。なお，**事業報告**については**5 年間保管**しなければなりません。

126 × 計算書類は取締役が作成しますが，会計参与設置会社では，**会計参与は取締役と共同して計算書類を作成**します。会計参与は監査を行いません。監査役設置会社では，計算書類は**監査役の監査**を受ける必要があります。

127 ○ 株式会社は，定時株主総会の終結後遅滞なく**貸借対照表**を公告する必要があります。さらに，**大会社**では，貸借対照表に加えて**損益計算書**も公告する必要があります。ただし，**有価証券報告書**を提出している会社は，決算公告を行う**必要はありません**。これは，有価証券報告書の中で計算書類の内容が開示されているためです。よって，説明は適切です。

ポイント

計算書類には，**貸借対照表，損益計算書，株主資本等変動計算書，個別注記表，附属明細書**などがあります。これらの計算書類は**取締役**が作成します。監査役設置会社では，計算書類は**監査役の監査**を受ける必要があります。計算書類は，原則として**株主総会で承認**を受ける必要があり，**10年間保存**する義務があります。

128 × 決算公告は，**官報**や**日刊新聞**への掲載など**定款**に定めた方法で公告します。また，現在では，Webサイトを使用する電子公告も認められています。

17 事業再編①

1回
2回
3回

129 合併は，2つ以上の会社が契約によって1つになることであり，合併
□□□ の種類には吸収合併と新設合併がある。

130 吸収合併は，複数の会社のうち1つの会社が存続し，残りの会社は消
□□□ 滅する。吸収合併では，合併によって消滅する会社の権利義務の全部
を，合併後に存続する会社が承継する。

131 新設合併では，新たな会社を設立し，合併前に存在した会社は消滅し，
□□□ それらの会社の権利義務の全部を，新しく設立した会社に承継する。

132 吸収合併では，両会社の株式比率等利害調整が複雑になるため，実際
□□□ には合併の多くは新設合併となっている。

関連項目 『スタートアップ！中小企業診断士超速習テキスト』 P308-313

解答・解説

129 ○ 記述は適切です。

130 ○ 例えば，A社がB社を吸収合併するケースでは，A社はB社の権利義務を承継し，B社は消滅します。また，消滅するB社の株式を持っているB社の株主には，合併の対価としてA社の株式が割り当てられます。これにより，以前のB社の株主は，新たにA社の株主となります。

131 ○ 例えば，A社とB社が新設合併を行ってC社を設立するケースでは，C社はA社とB社の権利義務を承継し，A社とB社は共に消滅します。また，消滅するA社とB社の株主は，C社の株式が割り当てられるため，C社の株主となります。

132 × 新設合併では，吸収合併に比べて，会社の設立や許認可の再取得などの事務手続が複雑になります。新設合併では，新しい会社を設立するため，その会社の営業のための許認可を取ったり，上場企業の場合は上場の手続をしなければなりません。そのため，実際には合併の多くは**吸収合併**となっています。

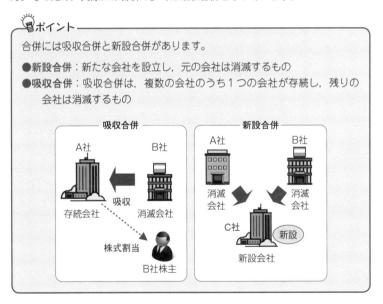

ポイント

合併には吸収合併と新設合併があります。

●**新設合併**：新たな会社を設立し，元の会社は消滅するもの
●**吸収合併**：吸収合併は，複数の会社のうち１つの会社が存続し，残りの会社は消滅するもの

科目6 経営法務

分野2 会社法

18 事業再編②

133 会社分割は，会社が事業の一部または全部を，他の会社に承継させる
□□□ ことであり，吸収分割と新設分割という2つの種類がある。

134 吸収分割は，分割した事業を別の会社が承継する方法であり，事業を
□□□ 他の会社に売却したいときなどに使われる。

135 新設分割は，分割した事業を新しく設立した会社が承継する方法であ
□□□ り，事業を切り離して分社化したいときなどに使われる。

136 新設分割では，会社を新しく設立し，新設会社が発行したすべての株
□□□ 式は，事業を分割した会社または株主に割り当てられる。このとき，
事業を分割した会社に新設会社の株式を割り当てた場合でも，完全親
会社と完全子会社の関係が成立するとは限らない。

関連項目 『スタートアップ！中小企業診断士超速習テキスト』 P308-313

解答・解説

133　○　組織再編の一方法として**会社分割**があります。会社分割には，**吸収分割**と**新設分割**があります。

134　○　吸収分割の説明として適切です。例えば，A社の事業Xを，吸収分割によってB社に承継させることができます。

135　○　新設分割の説明として適切です。例えば，A社の事業Xを，新設分割によって切り離し，新しく設立したB社で事業Xを行うことができます。

136　×　新設分割では会社を新しく設立しますが，新設会社が発行したすべての株式は，事業を分割した会社または株主に割り当てられます。このとき，事業を分割した会社に新設会社の株式を割り当てた場合（物的分割の場合）は，分割会社が新設会社の株式をすべて所有するため，**完全親会社**と**完全子会社**の関係が成立します。

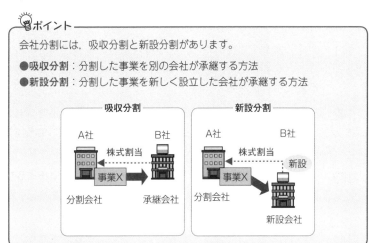

ポイント

会社分割には，吸収分割と新設分割があります。

●**吸収分割**：分割した事業を別の会社が承継する方法
●**新設分割**：分割した事業を新しく設立した会社が承継する方法

科目6　経営法務

分野2　会社法

科目6　経営法務　　分野2　会　社　法

19 事業再編③

1回 ☐/☐
2回 ☐/☐
3回 ☐/☐

137 事業譲渡は，事業を対象とした売買契約を行うことと位置づけられる
☐☐☐ ため，事業譲渡では事業価値に見合った金銭が原則となる。

138 事業を全部譲渡する場合や，事業のうち重要な一部を譲渡する場合に
☐☐☐ は，株主総会の特別決議の承認が必要になる。

139 事業譲渡に反対する株主は，原則として株式買取請求権を持つ。
☐☐☐

140 事業譲渡ができるのは，株式会社だけであり，持分会社との間では行
☐☐☐ うことができない。

141 会社分割をするためには，必ず株主総会の特別決議による承認を受け
☐☐☐ ることが必要だが，事業譲渡を行うにあたっては，株主総会の決議が
不要な場合がある。

142 会社分割では，譲渡対象事業に従事する従業員を譲渡される会社に引
☐☐☐ き継ぐ場合は個々の従業員の同意が不要であるが，事業譲渡では個々
の従業員の同意が必要である。

143 会社分割では譲渡対象事業の債務の移転に際して債権者保護手続が必
☐☐☐ 要となるが，事業譲渡では個々の債権者から同意を得ずに債権を移転
することができる。

144 会社分割では譲渡対象事業の対価として必ず株式を発行しなければな
☐☐☐ らないが，事業譲渡の対価は金銭とすることが可能である。

関連項目 『スタートアップ！中小企業診断士超速習テキスト』 P308-313

解答・解説

137 ○ 事業譲渡は，事業を対象とした売買契約を行うことと位置づけられます。そのため，会社分割では対価が原則として**株式**になるのに対して，事業譲渡では**事業価値に見合った金銭**が原則となります。

💡ポイント
> 事業譲渡は，会社の事業の全部または一部を他の会社に譲渡することです。事業譲渡は，営業譲渡と呼ばれることもあります。

138 ○ 事業譲渡において，事業を全部譲渡する場合や，事業のうち重要な一部を譲渡する場合には，**株主総会の特別決議**の承認が必要になります。

139 ○ 事業譲渡に反対する株主は，原則として**株式買取請求権**を持ちます。これは合併の場合と同様です。

140 × 事業譲渡は，株式会社だけでなく，**持分会社との間でも自由**に行うことができます。

141 × 会社分割をするためには，原則として**株主総会の特別決議**による承認を受けることが必要です。ただし，分割する事業が小さい場合には，**簡易組織再編**という手続によって，株主総会の承認は必要ありません。事業譲渡では，事業を**全部譲渡**する場合や，事業のうち**重要な一部**を譲渡する場合には，**株主総会の特別決議の承認**が必要になります。事業譲渡でも事業の範囲が一定よりも小さい場合には，簡易組織再編という手続が認められており，株主総会の決議が不要になります。

142 ○ 会社分割では分割する事業に従事する労働者は，原則として事業と一緒に承継されます。この場合，労働者**本人の同意は不要**とされています。一方，事業譲渡では，譲り受けた事業に従事していた労働者を雇い入れる場合は，**労働者個人と個別交渉**が必要です。

143 × 事業譲渡では債権者保護手続は不要ですが，債権者ごとに個別に同意を取り付ける必要があります。

144 × 会社分割では原則として譲渡対象事業の対価は**株式**となりますが，吸収分割では対価の柔軟化が認められており，金銭やその他の財産でも対価とすることができます。

科目6 経営法務

分野2 会社法

科目6　経営法務　｜　分野2　会 社 法

20 株式会社以外の機関

1回 □
2回 □
3回 □

145
□□□
合同会社は，米国のLLC（Limited Liability Company：有限責任会社）の日本版として導入された。

146
□□□
合同会社は，株式会社と同じように有限責任社員だけから構成され，株式会社よりも定款による自治の範囲が広く，設立などの手続が簡単という特徴がある。

147
□□□
合同会社は，社員は原則として業務執行社員となるが，業務執行社員を定款で定めることもできる。

148
□□□
持分会社から株式会社に組織変更することはできない。

149
□□□
有限責任事業組合は，個人のみが出資して，共同で事業を行うための契約である。

150
□□□
有限責任事業組合は，有限責任の出資者による自治を行い，法人格を持つ。

151
□□□
有限責任事業組合は，組合自体には課税されることはなく，組合員に直接課税される。

152
□□□
有限責任事業組合は，合併等の事業再編，株式会社への移行等ができる点で，合同会社と同様である。

関連項目　『スタートアップ！中小企業診断士超速習テキスト』　P314-315

解答・解説

145 ○ 合同会社は，2005（平成17）年に成立した会社法により新たな事業体として創設された会社です。米国の各州では，LLC（Limited Liability Company）と呼ばれる事業組織体の制度があり，そこでは，LLCの出資者の責任が出資金を限度とする有限責任であり，ベンチャー企業などで大いに利用されています。この企業形態を日本の会社制度において実現する意図があったことから，合同会社は，**日本版LLC**と呼ばれることがあります。

146 ○ 合同会社は，株式会社と同じように有限責任社員だけから構成されますが，株式会社よりも定款による**自治の範囲が広く**，**設立などの手続が簡単**という特徴があります。また，計算書類の公告義務や配当制限などの**規制が株式会社よりも少な**いため，少人数のベンチャー企業などに向いています。

147 ○ 合同会社では，社員は原則として**業務執行社員**となります。ただし，業務執行社員を定款で定めることもできます。社員は有限責任でありながら，自ら業務執行を行う点にこの会社の特徴があります。

148 × 持分会社と株式会社は，**相互に組織変更**することができます。例えば，株式会社を合同会社に変更したり，合名会社を株式会社に変更することができます。

149 × **有限責任事業組合**は，個人または法人が出資して，共同で事業を行うための契約です。各当事者は，出資した額を限度とする有限責任を負います。個人のみがこの形態を活用できるわけではありません。

150 × 有限責任事業組合は，あくまで**組合**であり，**法人ではありません**。有限責任の出資者による自治を行う点などは，合同会社と同様です。

> 🔅ポイント
> 組合は，契約に基づいて当事者が共同で事業を行うものです。組合は，組合員同士の契約という位置づけとなるため，法人格はありません。

151 ○ 有限責任事業組合は，いわゆる**パススルー課税**が認められています。これは，組合自体には課税されず，組合員に直接課税されるものです。

152 × 有限責任事業組合は法人格がないため，合併などの事業再編や，株式会社への移行といった組織変更ができません。

科目7

中小企業経営・政策

236

1 中小企業の動向

1回 ／
2回 ／
3回 ／

001 駐車場を営む，資本金1億円，従業員数100名のA社は，中小企業基
□□□ 本法に定める中小企業に該当する。

002 中小企業基本法では，中小企業のなかでも特に規模が小さい企業を
□□□ 「小規模企業」と呼び，業種ごとに資本金の額によって定義している。

関連項目 『スタートアップ！中小企業診断士超速習テキスト』　P324-325

解答・解説

001 ○ 駐車場業は、サービス業となります。資本金1億円、従業員数100名は、サービス業における中小企業定義の資本金基準を超えていますが、従業員数基準は、基準内です。よってA社は、中小企業となります。

業種	中小企業 （下記のいずれかを満たすこと）	
	資本金	従業員数
①製造業その他（②～④を除く）	3億円以下	300人以下
②卸売業	1億円以下	100人以下
③サービス業	5千万円以下	100人以下
④小売業	5千万円以下	50人以下

💡ポイント

中小企業基本法では、中小企業を資本金と従業員の規模によって定義しています。また、上の表のように業種ごとに異なる基準が適用されますので、判断するためには覚える必要があります。

上の表を覚えるためのコツがあります。それは業種別の規模の大小と、3・1・5という数字に注目することです。業種別の大小は、製造業が最も大きく、卸売業、サービス業、小売業という順番になります。製造業には規模の大きい会社が多く、小売業は小さい会社が多いということはイメージしやすいと思います。
この順番で資本金の頭の数字は3・1・5・5、従業員数は3・1・1・5の順番になります。

002 × 中小企業基本法では、中小企業のなかでも特に規模が小さい企業を「**小規模企業**」と呼んでいます。小規模企業の基準は、業種ごとに**従業員数の規模**のみで定義しています。

業種	小規模企業
	従業員数
①製造業その他（②～④を除く）	20人以下
②卸売業 ③サービス業 ④小売業	5人以下

2 政策の基本と金融サポート①

1回 ／
2回 ／
3回 ／

003 □□□ 「経営の革新および創業の促進」は，中小企業基本法に定められている基本方針である。

004 □□□ 中小企業憲章では，中小企業の歴史的位置づけや，今日の中小企業の経済的・社会的役割などについての考え方を基本理念として示し，中小企業政策の取り組みにあたっての５つの基本原則を定めている。この基本原則に挙げられているものの１つに「人材の育成・確保を支援する」が含まれている。

005 □□□ 日本政策金融公庫は，一般の金融機関が行う金融を補完し，中小企業者，国民一般，農林水産業者などの資金調達を支援することを目的としている。

関連項目 『スタートアップ！中小企業診断士超速習テキスト』 P328-333

解答・解説

003 ○ **中小企業基本法**は，中小企業政策の基本となっている法律です。法律の目的，基本方針については，しっかり押さえるようにしましょう。

💡ポイント

●**中小企業基本法の目的**
中小企業政策について，基本理念・基本方針を定めるとともに，国および地方公共団体の責務などを規定することにより，中小企業に関する施策を総合的に推進し，国民経済の健全な発展および国民生活の向上を図ること。
●**基本方針**
①経営の革新および創業の促進
②中小企業の経営基盤の強化
③経済的社会的環境の変化への適応の円滑化（セーフティネットの整備）
④中小企業に対する資金供給の円滑化および中小企業の自己資本の充実

004 × 中小企業憲章は法律ではありませんが，中小企業の役割と中小企業政策の基本的考え方・方針を明確にし，今後の中小企業経営の拠り所となるよう制定されたものです。「人材の育成・確保を支援する」は8つの行動指針に含まれています。

💡ポイント

●**5つの基本原則**
1　経済活力の源泉である中小企業が，その力を存分に発揮できるよう支援する。
2　起業を増やす。
3　創意工夫で，新しい市場を切り拓く中小企業の挑戦を促す。
4　公正な市場環境を整える。
5　セーフティネットを整備し，中小企業の安心を確保する。

005 ○ **日本政策金融公庫**は，一般の金融機関が行う金融を補完し，中小企業者，国民一般，農林水産業者などの資金調達を支援することを目的としています。
日本政策金融公庫の事業には，従来の中小企業金融公庫にあたる**中小企業事業**，国民生活金融公庫にあたる**国民生活事業**，農林漁業金融公庫にあたる**農林水産事業**があります。

💡ポイント

特に中小企業が関係する中小企業事業と国民生活事業の主な貸付内容については，押さえておきましょう。

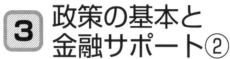

3 政策の基本と金融サポート②

1回 [　/　]
2回 [　/　]
3回 [　/　]

006 商工組合中央金庫（商工中金）では，一般的な融資と，政策と連動した融資である特別貸付を行っている。
☐☐☐

007 信用保証制度は，中小企業の信用力を補完することで，中小企業が民間の金融機関から融資を受けやすくする制度で，債務の返済ができなくなった場合は，中小企業者に代わって信用保証協会が債務の代位弁済を行う。
☐☐☐

008 セーフティネット保証制度は，取引先の倒産や，災害，取引金融機関の破綻などにより，経営の安定に支障をきたしている中小企業に対して，信用保証協会が審査基準を緩和し，一般保証の範囲内で保証を付与する制度である。
☐☐☐

009 セーフティネット貸付制度には，経営環境変化対応資金，金融環境変化対応資金，取引企業倒産対応資金の3種類の制度がある。
☐☐☐

関連項目 『スタートアップ！中小企業診断士超速習テキスト』 P328-333

解答・解説

006 ○ 　商工中金は，中小企業の協同組合や，中小企業を構成員とする団体に対して資金の供給を行うための政府系金融機関です。政府による出資と，所属資格のある団体の出資から成り立っています。

商工中金では，一般的な融資と，政策と連動した融資である**特別貸付**を行っています。また**預金の受け入れ**や**金融債の発行**を行い，自ら資金調達をしています。

007 ○ 　信用保証制度は，中小企業の信用力を補完することで，中小企業が民間の金融機関から融資を受けやすくする制度です。

信用保証制度は，**信用保証協会**が実施しています。信用保証協会は，中小企業の資金調達を円滑にすることを目的に，信用保証協会法に基づき設置された認可法人で，全国に52カ所あります。信用保証を受けられる対象

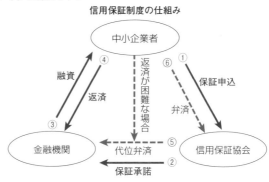

信用保証制度の仕組み

は，個人または法人・組合等で事業を営む中小企業者で，信用保証をしてもらうためには，中小企業の経営状態に応じた保証料を信用保証協会に支払う必要があります。

008 × 　セーフティネット保証制度は，取引先の倒産や，災害，取引金融機関の破綻などにより，経営の安定に支障をきたしている中小企業に対して，信用保証協会が**一般保証とは別枠**で保証を付与する制度です。

セーフティネット保証を受けるためには，本店所在地の市町村長（特別区の場合は，特別区長）の認定を受ける必要があります。

009 ○ 　セーフティネット貸付制度は，経済環境の悪化などにより，資金繰りに困難をきたしている中小企業者に，政府系金融機関（日本政策金融公庫，沖縄振興開発金融公庫）が融資をする制度です。

ポイント

セーフティネット貸付制度には，**経営環境変化対応資金**，**金融環境変化対応資金**，**取引企業倒産対応資金**の3種類の融資制度があります。それぞれの対象者の内容については，押さえるようにしましょう。
経営環境変化対応資金および金融環境変化対応資金のいずれも，一時的に資金難であるものの，中長期的には改善が見込まれる者が対象となります。

政策の基本と金融サポート③

010 流動資産担保融資保証制度は，有価証券などの流動資産を担保にして，
□□□ 金融機関から融資を受ける際に，信用保証協会から保証を受けられる
制度である。

011 期末資本金が1億円以下の中小法人では，法人税が軽減される。
□□□

012 青色申告制度は，複式簿記による正規の簿記の原則に従って帳簿を記
□□□ 載し，それに基づいて税務申告をする者に対して，税額の控除などの
特典を与える制度である。

013 中小企業投資促進税制の対象は，青色申告をする個人事業者または法
□□□ 人である。

関連項目 『スタートアップ！中小企業診断士超速習テキスト』 P328-333

解答・解説

010 × 流動資産担保融資保証制度（ABL保証制度）は，売掛債権や棚卸資産などの流動資産を担保にして，金融機関から融資を受ける際に，信用保証協会から保証を受けられる制度です。**有価証券は，流動資産担保融資保証（ABL保証制度）の対象にはなりません。**

011 ○ 中小企業の法人税率は，年間所得が800万円を超える部分には法人税率23.2％が適用され，年間所得が800万円以下の部分には法人税率15％が適用されます。

対象	法人税法における税率（本則）	
大企業	所得区分なし	23.2%
中小企業	年所得800万円超の部分	23.2%
（資本金1億円以下）	年所得800万円以下の部分	15%

012 ○ 青色申告制度は，複式簿記による正規の簿記の原則に従って帳簿を記載し，それに基づいて税務申告をする者に対して，税額の控除などの特典を与える制度です。なお，複式簿記に基づかない申告は，一般に白色申告と呼ばれます。

個人事業者における青色申告の特典として，所得金額から最高65万円又は10万円を控除するという**青色申告特別控除**や生計を一にする配偶者その他の親族に支払う給与を必要経費にできる**青色事業専従者給与控除**があります。それぞれの内容について，簡単に押さえるようにしましょう。

013 × 中小企業投資促進税制は，中小企業が機械・装置などの設備投資をする際に，税額を控除することができる制度です。対象者は，**青色申告をする個人事業者**または**資本金1億円以下の中小法人**となります。

ポイント

中小企業投資促進税制の対象となる設備は，機械装置や電子計算機，デジタル複合機，ソフトウェアなどで取得価額の下限が定められています。このような設備を取得した場合は7％の税額控除（個人事業主，資本金3千万円以下の法人のみ），もしくは30％の特別償却を行うことができます。

244

科目7　中小企業経営・政策　｜　分野2　中小企業政策

5 政策の基本と金融サポート④

1回 ／
2回 ／
3回 ／

---

014 中小企業投資促進税制の対象となる設備には，ソフトウェアは含まれ
☐☐☐ ない。

---

015 欠損金の繰越制度とは，利益において，過去に欠損金が発生していた
☐☐☐ 場合，当期の黒字と過去の赤字を相殺し，当期の法人税額を軽減する
ことができることを言う。

---

016 エンジェル税制は，創業期のベンチャー企業に対する投資を促進する
☐☐☐ ための税制で，ベンチャー企業に投資する個人投資家のリスクを軽減
し，新規産業の創出・発展を図ることを目的としている。

関連項目　『スタートアップ！中小企業診断士超速習テキスト』　P328-333

解答・解説

014 ×　中小企業投資促進税制の対象となる設備には，機械装置だけでなく，ソフトウェアも含まれます。

015 ○　法人税は，益金から損金を引いた所得（利益ではありません）額を基に税額を計算します。ここで，所得額がマイナスになった場合は，それを欠損金と呼びます。**欠損金の繰越制度**とは，過去に欠損金が発生していた場合，当期の黒字と過去の赤字を相殺し，当期の法人税額を軽減することができる制度です。平成30年4月1日以後に開始する事業年度において生ずる欠損金の繰越期間は**10年**とされています。

なお，欠損金の繰越制度の対象となる事業者は，青色申告法人となっています。

016 ○　**エンジェル税制**は，創業期のベンチャー企業に対する投資を促進するための税制で，ベンチャー企業に投資する個人投資家のリスクを軽減し，新規産業の創出・発展を図ることを目的としています。

個人投資家が，ベンチャー企業に投資することはリスクが高いため，エンジェル税制では，個人投資家が，制度の対象となる企業の株式に投資をする際と，売却をする際に，課税上の優遇措置を設けています。

6 経営基盤の強化

1回
2回
3回

017 雇用調整助成金は，景気の変動等により事業の縮小を余儀なくされた
□□□ 企業が，休業，教育訓練，出向等を行うことにより，雇用を維持する
際に費用の助成をする制度である。

018 人材開発支援助成金は，労働者が自身のキャリア形成を促進する職業
□□□ 訓練や自発的能力開発等を行う場合に，その労働者に対して助成金が
支給される。

019 中小企業退職金共済制度の税法上の特典として，中小企業者の場合は
□□□ 掛金が損金として算入でき，全額非課税となる。

020 戦略的CIO育成支援事業は，CIOを求めている中小企業とCIOとして
□□□ 働きたい人をマッチングさせる事業で，3カ月の派遣期間の後，正式
な雇用となる。

021 事業協同組合は，中小企業者が共同で新技術・新商品開発を行ったり，
□□□ 共同で生産・加工・販売する事業を行うことができる。

022 企業組合は，個人が集まって創業するための，簡易な会社というよう
□□□ な組織で，株式会社と同じように有限責任となっている。

関連項目　『スタートアップ！中小企業診断士超速習テキスト』　P334-335

解答・解説

017 ○ 　**雇用調整助成金**は，景気の変動等により事業の縮小を余儀なくされた企業が，休業，教育訓練，出向等を行うことにより，雇用を維持する際に費用の助成をする制度です。助成率は，原則，休業手当や費用に相当する額の3分の2の金額となります。雇用に関する助成制度では，**雇用調整助成金，特定求職者雇用開発助成金，トライアル雇用助成金**をしっかり押さえておきましょう。

018 ×　**人材開発支援助成金**は，労働者の職業能力向上のための助成金です。この制度では，労働者のキャリア形成を促進する，職業訓練や自発的能力開発等を実施する企業に対し，助成金が支給されます。助成率は，一定ではなく，職業訓練や，自発的能力開発の内容によって定められています。助成を受けるためには，職業能力開発計画を作成し，労働局に申請を行う必要があります。

人材開発支援助成金は，労働者のキャリア形成を促進する，職業訓練や自発的能力開発等を実施する**企業に対し**，助成金が支給されます。当該労働者に対し，支給されるものではありません。よって，記述は不適切です。

019 ○　**中小企業退職金共済制度**は，勤労者退職金共済機構が運営する，単独では退職金制度を設けることが困難な中小企業者が，共済の仕組みによって退職金制度を利用できる制度です。

制度の仕組みは，中小企業者が勤労者退職金共済機構と共済契約を結び，従業員ごとに事業主が毎月の掛金を全額負担し，納付します。従業員が退職したときには，同機構から所定の退職金が直接従業員に支払われます。

毎月の掛金は，5,000円から30,000円の種類があり，事業主が従業員ごとの掛金を任意に選択することができます。特典としては，中小企業者の場合は掛金が損金として算入でき，**全額非課税**となる他に，要件を満たす中小企業者に対して**国から掛金の助成**等があります。

020 ×　**戦略的CIO育成支援事業**は，ITと中小企業の両方の知見を有する登録専門家（CIO）を，中小企業に派遣し，ITの設計やITベンダーとの交渉に関するコンサルティングを通じて，中小企業内にCIOとなる人材を育成するものです。よって，記述は不適切です。

021 ○　**事業協同組合**については，設立することにより，中小企業者が共同で新技術・新商品開発を行ったり，共同で生産・加工・販売する事業を行うことができます。よって，記述は適切です。

022 ○　**企業組合**は，個人が集まって創業するための，簡易な会社というような組織で，株式会社と同じように有限責任となっています。よって，記述は適切です。

ポイント

組合の種類については，きちんと区別をできるようにしておきましょう。

科目7
中小企業経営・政策

分野2
中小企業政策

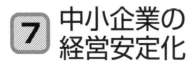

科目7　中小企業経営・政策 ／ 分野2　中小企業政策

7　中小企業の経営安定化

1回 ☐／
2回 ☐／
3回 ☐／

023
☐☐☐　資本金1億円のソフトウェアメーカーが，ゲームソフトの開発を資本金7千万円のソフトウェアメーカーに委託する取引は，「下請代金支払遅延等防止法」が適用される。

024
☐☐☐　下請代金支払遅延等防止法における親事業者の義務と禁止行為に関して，親事業者は注文品などを受け取った日から60日以内かつできるだけ短い期間となる支払期日を定める必要があり，60日を過ぎても代金を支払わなかった場合は，遅延利息を加算して支払う義務がある。

025
☐☐☐　下請かけこみ寺事業では，取引に関するさまざまな悩み等に，下請代金支払遅延等防止法や中小企業の取引問題に知見を有する専門家が親身になって耳を傾け，適切なアドバイス等を行う。

関連項目　『スタートアップ！中小企業診断士超速習テキスト』　P338-339

解答・解説

023 ✕ 資本金1,000万円超3億円以下の企業が同じく資本金1,000万円超の企業にプログラム作成を委託する取引になります。こちらは下請事業者の資本金が基準を超過していますので，下請取引に該当しません。よって，記述は不適切です。

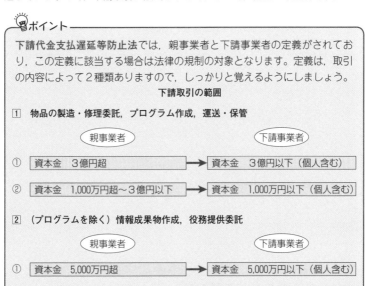

ポイント

下請代金支払遅延等防止法では，親事業者と下請事業者の定義がされており，この定義に該当する場合は法律の規制の対象となります。定義は，取引の内容によって2種類ありますので，しっかりと覚えるようにしましょう。

下請取引の範囲

① 物品の製造・修理委託，プログラム作成，運送・保管

親事業者		下請事業者
① 資本金　3億円超	→	資本金　3億円以下（個人含む）
② 資本金　1,000万円超～3億円以下	→	資本金　1,000万円以下（個人含む）

② （プログラムを除く）情報成果物作成，役務提供委託

親事業者		下請事業者
① 資本金　5,000万円超	→	資本金　5,000万円以下（個人含む）
② 資本金　1,000万円超～5,000万円以下	→	資本金　1,000万円以下（個人含む）

024 ○ 下請代金支払遅延等防止法では，下請取引に該当する場合，親事業者の義務と禁止行為について定められています。
義務としては，**書面の交付義務，発注書類の保管義務，下請代金の支払期日を定める義務，遅延利息の支払義務**などがあります。
禁止行為としては，**下請代金の支払遅延の禁止，下請代金の減額の禁止，返品の禁止，買いたたきの禁止，物の購入強制・役務の利用強制の禁止，報復措置の禁止，不当なやり直し等の禁止**などがあります。
親事業者は注文品などを受け取った日から60日以内かつできるだけ短い期間となる，支払期日を定める必要があり，もし，60日を過ぎても代金を支払わなかった場合は，遅延利息を加算して支払う義務があります。よって，記述は適切です。

025 ○ 下請かけこみ寺事業では，取引に関するさまざまな悩み等に，下請代金支払遅延等防止法や中小企業の取引問題に知見を有する専門家が親身になって耳を傾け，適切なアドバイス等を行います。よって，記述は適切です。また，**裁判外紛争解決手続**（ADR）を用いた取引に関する紛争の解決や適正な下請取引のガイドラインを普及させるための活動をしています。

科目7
中小企業経営・政策

分野2
中小企業政策

【編者紹介】

スタディング

スタディングは,「学びを革新し,だれもが持っている無限の能力を引き出す」というミッションのもと,すきま時間を活用し資格取得を目指せる講座を提供している。スマホで効率的に学べる学習システムを開発し,わかりやすい動画コンテンツで資格ラインナップを充実させ「世界一,学びやすく,わかりやすく,続けやすい」講座を目指す。
2020年7月に東京証券取引所マザーズに上場し,マスコミで大きな話題となった。2020年8月には累計有料受講者が8万人を突破し,資格講座の新しいスタンダードとして成長中。

スタートアップ！
中小企業診断士 超速1問1答

2017年3月25日　第1版第1刷発行	編　者　ス　タ　デ　ィ　ン　グ
2019年4月20日　第1版第2刷発行	発行者　山　本　　　継
2020年12月10日　改訂・改題第1刷発行	発行所　㈱中　央　経　済　社

発売元　㈱中央経済グループ
　　　　パ　ブ　リ　ッ　シ　ン　グ

〒101-0051　東京都千代田区神田神保町1-31-2
電話　03 (3293) 3371 (編集代表)
　　　03 (3293) 3381 (営業代表)
http://www.chuokeizai.co.jp/
印刷／三　英　印　刷　㈱
製本／㈲井　上　製　本　所

©2020
Printed in Japan